utb 5717

W0076730

Eine Arbeitsgemeinschaft der Verlage

Brill | Schöningh – Fink · Paderborn
Brill | Vandenhoeck & Ruprecht · Göttingen – Böhlau Verlag · Wien · Köln
Verlag Barbara Budrich · Opladen · Toronto
facultas · Wien
Haupt Verlag · Bern
Verlag Julius Klinkhardt · Bad Heilbrunn
Mohr Siebeck · Tübingen
Narr Francke Attempto Verlag – expert verlag · Tübingen
Ernst Reinhardt Verlag · München
transcript Verlag · Bielefeld
Verlag Eugen Ulmer · Stuttgart
UVK Verlag · München
Waxmann · Münster · New York
wbv Publikation · Bielefeld
Wochenschau Verlag · Frankfurt am Main

Schreiben im Studium

herausgegeben von
Swantje Lahm

Bd. 11

Simone Kraft

Schreiben im Architekturstudium

Verlag Barbara Budrich
Opladen & Toronto 2021

Die Autorin:

Dr. Simone Kraft, Lehrbeauftragte, Fakultät für Architektur und Bauwesen, Hochschule Karlsruhe, und Geschäftsführung Architekturschaufenster Karlsruhe. Ab Herbst 2021 Leitung der Architekturkommunikation in einem Architekturbüro, Karlsruhe

Bibliografische Information der Deutschen Nationalbibliothek
Die Deutsche Nationalbibliothek verzeichnet diese Publikation in der Deutschen Nationalbibliografie; detaillierte bibliografische Daten sind im Internet über http://dnb.d-nb.de abrufbar.

Gedruckt auf säurefreiem und alterungsbeständigem Papier.

© 2021 Verlag Barbara Budrich GmbH, Opladen & Toronto
www.budrich.de

utb-Bandnr.	5717
utb-ISBN	978-3-8252-5717-0
utb-e-ISBN	978-3-8385-5717-5

Online-Angebote oder elektronische Ausgaben sind erhältlich unter www.utb-shop.de.

Umschlaggestaltung: Atelier Reichert, Stuttgart
Titelbildnachweis: Simone Kraft
Satz: Ulrike Weingärtner, Gründau – info@textakzente.de
Druck: Pustet, Regensburg
Printed in Germany

Inhaltsverzeichnis

1 Schreiben im Architekturstudium

1.1   In der Architektur muss man nicht schreiben ...

In der Architektur wird gezeichnet, geplant, entworfen – aber geschrieben? Architektinnen und Architekten müssen doch nicht schreiben. Dieser Ansicht begegnet man oft in diesem Studienfach. Und in der Tat werden, anders als etwa in den Geisteswissenschaften, keine umfangreichen Hausarbeiten verlangt oder, wie in vielen naturwissenschaftlichen Fächern, Forschungsberichte erstellt. Die Aufgabe von Architekturstudierenden besteht, ähnlich wie in anderen kreativen Studiengängen, nicht vorrangig in einer schriftlichen Abgabeleistung. Vielmehr entsteht ein „Produkt" – ein Entwurf, ein Konzept. Salopp gesagt: Am Ende der Arbeit eines Architekten, einer Architektin steht ein Haus, kein Buch.

Nichtsdestotrotz wird auch in der Architektur kommuniziert: mit Bauherrinnen, auf der Baustelle, mit Kollegen, mit Chefinnen, auch mit Anwohnern, mit Laien und Interessierten, mit Behörden und Ausschüssen, mit den Medien. Das, was im Kopf entstanden ist, muss weitergegeben werden. Dafür stehen viele Hilfsmittel zur Verfügung: Ideen können in Form von Modellen, Zeichnungen, Plänen, Renderings mitgeteilt werden – und über Sprache. Dies beginnt im Studium mit Präsentationen und Vorträgen und setzt sich später im Beruf unverändert fort: E-Mails, Anträge, Bauherren-Gespräche, Wettbewerbsbeiträge, Pressemitteilungen, Darstellungen auf der Website, Texte für Verwaltung und Behörden ... Die Palette an Bereichen, in denen sprachlich kommuniziert wird, ist weitaus größer, als es im ersten Augenblick den Anschein hat. Es mag desillusionieren, aber letztendlich sind in der Architektur Tätige auch davon abhängig, wie sie Ideen kommunizieren und damit verkaufen können.

Kurz gesagt: Architektinnen und Architekten arbeiten sehr wohl mit Sprache und Text – denn auch die gesprochene Sprache ist ein Text, der vorbereitet wird. Sie neigen allerdings dazu, ihre sprachlichen Möglichkeiten zu vernachlässigen.

1.2 Das Potenzial des Schreibens für Architektinnen und Architekten

In meiner Arbeit in einem Ausstellungsraum für Architektur konnte ich immer wieder beobachten, wie sehr Besucherinnen und Besucher, ganz gleich, ob sie fachlichen Background besitzen oder nicht, gerade schriftliche Informationen nachfragen. Abbildungen, Illustrationen, Pläne sprechen eigentlich für sich und werden studiert. Häufig sind es jedoch gerade die sprachlichen Angaben, die einen Rahmen und Verständnishilfen zu den ausgestellten Objekten geben und auf die für grundlegende Informationen zurückgegriffen wird.

Leider haben die bereitgestellten Texte oft Schwächen. Immer wieder begegne ich unstrukturierten Texten, sprachlich holprig formuliert, in der formalen Darstellung nicht sauber, so dass das Lesen wenig Spaß macht. Allzu oft gehen dadurch auch Ideen verloren und das Potenzial, spannende Inhalte einem breiten Publikum bekannt zu machen, wird verschenkt. Ähnliches lässt sich übrigens auch in Wettbewerbsbeiträgen, Präsentationen oder bei Jurysitzungen beobachten.

Fragt man bei Architekten und Architektinnen zu diesem Thema nach und bittet um Einblick in ihre Alltagspraxis, wird deutlich, dass sie sich ihrer sprachlichen Defizite durchaus bewusst sind. Hin und wieder kokettieren sie sogar damit. Im Studium sei das Thema zu kurz gekommen, heißt es dann. Man habe dazu leider keine Betreuung, keinen Input erhalten. Das sei schade, denn Kommunikation spiele – neben allen anderen Handwerkszeugen – eine wesentliche Rolle im Berufsleben und bedeute letztendlich auch einen professionellen Vorteil: Ein souveräner Umgang mit Sprache, Text und Kommunikation sei, ebenso wie das primäre architekturübliche Handwerkszeug, eine Visitenkarte, die für sorgfältiges und professionelles Arbeiten stehe.

Studierende, Absolventinnen und Absolventen wiederum betonen die Überforderung, neben dem Entwerfen im Studium auch noch schriftlich arbeiten zu müssen. Insbesondere durch die Umstellung auf Bachelor- und Masterabschlüsse auch in der Architektur hat sich in den vergangenen Jahren einiges im Curriculum verändert. Die Anforderungen an Textleistungen sind größer geworden.

So müssen Studierende bei Masterabschlüssen mittlerweile in der Regel auch eine schriftliche Ausarbeitung abgeben, was für Diplomabschlüsse früher nicht zwangsläufig nötig war. Viele von ihnen fühlen sich mit diesen Anforderungen allein gelassen: Es finde keine Schreibbetreuung statt, es gebe wenig bis gar keine Hilfestellungen und Informationen zur sprachlichen Arbeit. Auch viele Lehrende deuten an, dass in diesem Bereich Nachholbedarf besteht, den sie jedoch nicht leisten können. Schreibberatungen oder -werkstätten, wie sie in anderen Studiengängen mittlerweile immer üblicher werden, werden im Fach Architektur bislang zumeist nicht angeboten.[1]

Mittlerweile setzt an vielen Architekturfakultäten hier ein Umdenken ein. Die Sensibilität für die Bedeutung des Schreibens als ein Handwerkszeug von Architekten und Architektinnen schärft sich allmählich, nicht zuletzt durch die genannte Umstellung auf Bachelor- und Masterabschlüsse und den damit verbundenen schriftlichen Abgabeleistungen.[2]

---

1   Generell ist die Vorbereitung auf das Schreiben im Studium in Deutschland nicht allzu gut, etwa im Vergleich zu angelsächsischen Ländern. Eine allgemeine Einführung in das wissenschaftliche Arbeiten mag noch zum Grundstudium gehören. Darüber hinaus jedoch existiert keine praktische Betreuung, es wird kein Feedback zu sprachlicher Vermittlung gegeben; entsprechende Angebote und Lehrpersonal gibt es nur selten. Das ist sehr bedauerlich, denn wie so oft lernt man nur aus der praktischen Anwendung – indem man auch Fehler machen kann, Rückmeldung hierzu erhält und sich dadurch weiterentwickeln kann. Oft wird auch aus Mangel an positiven Erfahrungen mit den Möglichkeiten des bewussten Versprachlichens von Seiten der Lehrenden wenig Wert darauf gelegt. Auch hier setzt langsam ein Umdenken ein.

2   Auch begegnen wir dem Fach der Architekturkommunikation, einem relativ jungen Forschungsgebiet, häufiger. Einige wenige Architekturfakultäten wie die des Karlsruher Instituts für Technologie (KIT) haben einen eigenen (halben) Lehrstuhl dafür etabliert. Als Teil der Wissenschaftskommunikation ist sie breiter gelagert als das Thema der schriftlichen Kommunikation im Bereich der Architektur, mit dem wir uns hier befassen.

1.3 Architektinnen und Architekten müssen nicht schreiben – sie können

Die gute Nachricht ist: Schreiben und Texten sind auch im Architekturbereich nichts, das nicht mit ein wenig Anleitung und Training gut zu meistern wäre. Bei der Arbeit mit Studierenden konnte ich beobachten, dass schon mit wenigen Hilfestellungen deutliche Verbesserungen beim Verfassen von Projektkonzepten zu beobachten waren – und bei der Schlusspräsentation am Ende des Seminars! Etwas bewusst zu versprachlichen bedeutet, Struktur in die Gedanken zu bringen, um sie gut verständlich kommunizieren zu können. Dadurch kann nicht nur ein schriftlicher Text entstehen, sondern auch ein gelungener mündlicher Vortrag. Dies ist ein großer Vorteil des Schreibens in unserem Sinne, der häufig vergessen wird: Wer seine Ideen in einem gut strukturierten Konzept notiert, wird sie auch besser präsentieren – eine grundlegende Schlüsselkompetenz des professionellen Arbeitens in der Architektur.

Hier setzt das vorliegende Buch an. Fassen wir noch einmal die Beobachtungen zusammen, die der Herangehensweise auf den folgenden Seiten zugrunde liegen:

1) Architekten und Architektinnen gewinnen durch das Schreiben ein professionelles Handwerkszeug zur Kommunikation ihrer Gedanken.
2) Architektur muss kommuniziert werden. Das Schreiben ist dafür ein fundamentales Handwerkszeug von mehreren – nicht mehr, aber auch nicht weniger.
3) Schreiben in der Architektur bedeutet in unserem Kontext: Inhalte in eine sprachliche Struktur bringen, um sie mitzuteilen – in schriftlicher oder mündlicher Form.

Ziel dieses Buches ist, Sie für diese Punkte zu sensibilisieren und Ihnen Methoden an die Hand zu geben, mit denen Sie das „Projekt Schreiben" in der Architektur meistern und hoffentlich auch die Scheu davor verlieren, mit Texten in Ihrem Fach zu arbeiten. Und wer weiß, vielleicht finden Sie sogar Spaß daran!

Nach einem Blick auf die Theorie – welches Potenzial hat schriftliche Kommunikation in der Architektur und warum ist diese nötig? – folgt im nächsten Kapitel der Schritt zur praktischen Anwendung. Wir beginnen mit den Basics, die jeder Architekt, jede Architektin beherrschen muss: Das Erstellen eines architektonischen Konzepts und die Beschreibung eines Bauwerks. Wer diese Grundlagen beherrscht, ist auch gewappnet für umfangreichere Texte wie Hausarbeiten, Bachelor- und Masterarbeiten. Bestimmte Basics gehören dazu und diese kann man lernen!

Es geht darum, Ihr Bewusstsein als Architekturstudierende für Sprache, Text und ihre Möglichkeiten zu schärfen. Das gilt im Übrigen auch für berufstätige Architektinnen und Architekten, denn es finden sich in diesem Buch durchaus auch Tipps, die nicht exklusiv Studierenden nützen. Die Sensibilität für das Sprachliche erschöpft sich nicht mit dem Studium. Teil einer akademischen Ausbildung ist, ungeachtet der fachlichen Spezialisierung, immer auch, die Bedeutung von Kommunikation für die Gesellschaft zu verstehen – der bewusste Umgang mit Sprache und die Entwicklung der Kommunikationsfähigkeit gehören dazu. Übrigens wird es in diesem Buch nicht darum gehen, kreativ, also mit literarischem Anspruch zu schreiben.

Danach richten wir den Blick auf das wissenschaftliche Arbeiten. Wie zitiere ich und warum eigentlich? Was sind Quellen und wo finde ich sie? Zwar ist das Architekturstudium wie andere kreative Studiengänge nicht auf schriftliche Forschungsleistungen ausgerichtet. Dennoch kann und soll auch in der Architektur wissenschaftlich gearbeitet werden. Die Kenntnis der Grundlagen wissenschaftlichen Arbeitens gehört dazu, wenn man sich in einem akademischen Umfeld bewegt. Das wissenschaftliche Schreiben mit seinen Konventionen ist ein Handwerk, das man lernen kann – das gilt auch für den Bereich der Architektur, in dem die Anforderungen weniger einheitlich formalisiert sind als beispielsweise in der Psychologie oder den Wirtschaftswissenschaften. Sie müssen als Architekturstudierende nicht ständig die Zitierregeln präsent haben – Sie müssen nur wissen, dass es sie gibt und wo Sie sie bei Bedarf nachlesen können. Und damit habe ich Ihnen schon eine wichtige Fähigkeit des akademischen Arbeitens verraten: Zu wissen, wo Sie welche Information erhalten und nachschlagen können.

„Schreiben im Architekturstudium" will ein Hilfsmittel sein, das Sie hierbei jederzeit heranziehen können. Das Buch ist so strukturiert, dass Sie es am Stück lesen können, aber nicht müssen. Suchen Sie sich die Kapitel, die Sie interessieren, lesen Sie quer, schlagen Sie immer mal wieder etwas nach. Dieses Buch deckt eine ziemlich breite Palette an Themen ab, um Ihnen die Basics zu vermitteln. Wenn Sie an einer Stelle intensiver einsteigen möchten, werden Sie in anderen Büchern weiteren Input finden. Einige nenne ich Ihnen am Ende des Buches und möchte Sie ausdrücklich dazu ermutigen hier weiter zu recherchieren.

2 Die architektonische Konzepterläuterung

Ein Text, der im Architektenalltag immer wieder vorkommt – nicht nur im Studium, auch später im Beruf –, ist die architektonische Konzepterläuterung. Sie ergänzt Entwürfe und fasst in Worte, was visuell nicht abbildbar ist. Sie gibt gestalterische Ideen und Gedanken wieder und liefert zentrale Informationen. Kurz: Sie ist grundlegender Teil eines Entwurfs, auch wenn man das oft nicht realisiert. Architektinnen und Architekten zeichnen schließlich Pläne, bauen Modelle und erstellen Renderings, die aussagekräftig genug sind, richtig?

Streng genommen gibt es für diese Bereiche noch einmal spezialisierte Fachleute wie Bauzeichnerinnen und Modellbauer. Natürlich überlappen sich die Tätigkeiten und oft genug kommt alles aus einer Hand. Es zeigt aber auch, dass hier noch etwas anderes den Beruf der Architektin oder des Architekten bestimmt, das über Modell, Zeichnung und Plan hinausgeht: Die Entwurfsidee, das zugrunde liegende Gestaltungskonzept, das kommuniziert werden will. Und wer den Luxus hat, von technischen Fachleuten unterstützt zu werden, muss seine Entwurfsideen so kommunizieren, dass sie in Modell und Zeichnung so umgesetzt werden können, wie sie erdacht wurden.

Es ist ein besonderes Merkmal des Fachs Architektur, dass bei der Darstellung von Entwurfsideen Bild und Wort Hand in Hand gehen. Das versprachlichte Konzept ist ein grundlegendes Handwerkszeug, das gleichrangig neben Plan, Modell, Visualisierung steht. Jedes dieser Handwerkszeuge eröffnet bestimmte Möglichkeiten, um Inhalte zu vermitteln. Nicht jede Überlegung lässt sich bildlich ausdrücken, genauso wenig kann nicht jeder Text einen Eindruck von Größe und Raumverhältnissen so wiedergeben wie ein Modell oder ein Rendering. Was zudem auch nicht ganz vergessen werden sollte: Nicht nur Fachleute, auch Kolleginnen betrachten Entwurfskonzepte. Nicht jeder Betrachter kann Baupläne ohne Weiteres lesen und verstehen. Damit ist ein zentrales Stichwort gefallen: Die Betrachterin oder der Leser, die Adressaten, die ein Konzept erfassen sollen. Lassen Sie uns zum Start eine kleine Übung machen, ehe wir uns näher anschauen, wie eine architektonische Konzepterläuterung aufgebaut wird.

Übung

Schnappen Sie sich einen Kommilitonen, eine Freundin, wen immer Sie mögen, und nehmen Sie sich fünf Minuten Zeit, um die Übung zu machen. Sie ist ganz simpel: Beschreiben Sie die abgebildete Grafik so, dass Ihr Gegenüber sie zeichnen kann. Es gibt ein paar wenige Regeln: Sie dürfen sich dabei nicht ansehen, Sie sehen nicht, was gemalt wird, Ihr Gegenüber sieht nicht, was auf der Vorlage ist. Zudem darf Ihnen Ihr Gegenüber nur Fragen stellen, die mit ja oder nein zu beantworten sind. Das war es auch schon. Einfach, oder?

Wenn Sie fertig sind, vergleichen Sie Vorlage und Zeichnung. Und? Sie ähneln sich mit Sicherheit sehr, aber eben nicht ganz. Vielleicht sind die Größenverhältnisse nicht identisch, vielleicht passen die Positionen der Formen auf dem Blatt nicht ganz. Sind Sie zufrieden mit dem Ergebnis? Warum? Warum nicht?

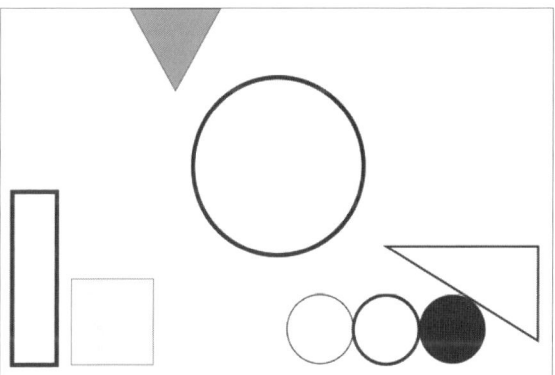

2.1 Eine Übung für zwei: Total einfach, oder?

Tatsächlich verdeutlicht diese einfache Übung alles, worauf es bei der Weitergabe von Informationen ankommt. Zuallererst und vielleicht so simpel, dass man sich keine Gedanken darüber macht: Um Informationen weiterzugeben, die Sie haben, Ihr Gegenüber aber nicht, müssen Sie die Infos irgendwie übermitteln. Das geschieht über ein „Transportmedium", meistens ist das die Sprache. Sie müssen also mit dem Gegenüber in sprachliche Kommunikation treten.[3]

Im nächsten Schritt müssen Sie die Informationen, die Sie weitergeben wollen, strukturieren. Was soll Ihr Gegenüber wissen? In unserer Übung beschreiben Sie sehr wahrscheinlich nicht wild drauflos, sondern folgen einem Muster, das Sie sich überlegt haben. Sie beschreiben etwa die Formen von der Mitte aus im Uhrzeigersinn oder von rechts oben nach links unten. Was befindet sich wo, in welchem Verhältnis zueinander, was ist groß, was klein? Sie haben damit nicht nur den Informationsgehalt der Zeichnung analysiert und strukturiert, sondern auch bereits ausgewählt, auf welche Informationen Sie Wert legen. Sollen die Formen gleich sein? Ist die Positionen der Formen zueinander wichtig oder ihre Größe? Oder alles?

Nun beschreiben Sie also. Welche Ausdrucksweise wählen Sie? Reicht es zu sagen „Da ist ein Kreis in der Mitte, daneben ein Dreieck"? Wie groß ist der Kreis, wo ist „daneben"? Wie groß ist das Dreieck, wie ist es ausgerichtet, wie weit sind die Formen voneinander entfernt? Versetzen Sie sich in Ihr Gegenüber. Welche Informationen sind nötig, um Ihre Vorgabe so umzusetzen, wie Sie es wollen?

---

3   Ein kleiner Exkurs in die Kunstgeschichte: In eine ähnliche Richtung weisen László Moholy-Nagys „Telefonbilder", die er in den 1920er-Jahren entwickelte. Dafür übermittelte er per Telefon Farbmuster und Formen mit Hilfe von Millimeterpapier und einer Farbpalette. Der Empfänger notierte die Informationen wiederum auf Millimeterpapier und übertrug sie auf einen Bildträger. Die so entstandenen Werke gelten als die ersten der Medienkunst. Moholy-Nagy ging es natürlich nicht um die Thematisierung von Kommunikation an sich, sein Verfahren verdeutlicht jedoch als Nebeneffekt sehr schön auch jene Themen, die uns in diesem Rahmen beschäftigen; vgl. dazu etwa Christian Spies, Nachricht, Schild und Bild. Laszlo Moholy-Nagys Telefonbilder, in: Isabel Maurer Queipo, Nanette Rißler-Pipka (Hg.) Spannungswechsel. Mediale Zäsuren zwischen den Medienumbrüchen 1900/2000, Bielefeld 2005, S. 124–139.

Sie werden auch merken, wie viel und was nachgefragt wird. Darauf können Sie reagieren. Jedes Gegenüber bringt eine eigene Vorstellung und Vorwissen mit. Beides können Sie bedienen. Mit Kolleginnen sprechen Sie anders als mit fachfremden Freunden, mit Ihrer Familie anders als mit zufälligen Gesprächspartnern.

Der Vergleich von Vorlage und Zeichnung am Ende wird sehr wahrscheinlich zeigen, dass Ihr Gegenüber die Vorgaben recht gut getroffen hat – aber eben nicht 1:1. Vorlage und Ergebnis sind ähnlich, aber nicht identisch. Es gibt sichtbare Unterschiede, etwa in der Größe oder der Position der Formen zueinander. Diese Unterschiede zwischen Sprecher und Adressatin machen Kommunikation so spannend. Wenn Sie eine Information über-mitteln, haben Sie Einfluss darauf, was Ihre Botschaft beinhaltet und wie sie ankommen kann. Sie können dafür sorgen, dass Ihre Information die Person, die sie empfängt, so klar und präzise wie möglich erreicht. Mit einem Unsicherheitsfaktor natürlich – dem Gegenüber.

An dieser Übung wird sehr konzentriert sichtbar, wie Informationsübermittlung funktioniert. Die wichtigsten Elemente für eine gelungene Kommunikation sind deutlich geworden.

Zentral für Ihre Arbeit an einer architektonischen Konzepterläuterung (und dies gilt übrigens ebenso für visuelle Informationen) sind folgende Punkte: Denken Sie adressatenorientiert, egal ob diese Ihnen zuhören oder Ihren Text lesen. Diese Prämisse leitet die Gestaltung Ihres Textes oder, allgemeiner gesprochen, Ihrer Informationsweitergabe, ganz gleich, ob Ihr Text geschrieben oder gesprochen wird. Wir werden ab sofort der Einfachheit halber von Texten und Leserinnen und Lesern sprechen. Die Grundsätze gelten aber für jede Art der sprachlichen Kommunikation zur Informationsweitergabe.

Merke

Denken Sie immer an den Adressaten, die Adressatin. Sie wollen Ihre Ideen kommunizieren, also ist das Ziel, dass Ihr Gegenüber Sie versteht. Versetzen Sie sich in seine Lage, machen Sie es so einfach wie möglich, Ihre Gedanken nachzuvollziehen.

Übung

Wenn Sie Gefallen an dieser Übung gefunden haben, probieren Sie doch eine Erweiterung aus. Testen Sie, wie die Informationsweitergabe funktioniert, wenn Sie ein beliebiges Bild zu beschreiben versuchen, etwa die Fotografie einer Berglandschaft, das Gemälde einer Meeresansicht oder eines Blumenstraußes. Sie dürfen alles sagen, was Sie wollen. Sie können mit Ihrem Gegenüber sprechen und sich unterhalten, er oder sie kann Ihnen Fragen jeder Art stellen. Nur auf Ihre Blätter dürfen Sie jeweils nur selbst schauen, Sie auf Ihre Bildvorlage, aber nicht auf die Zeichnung des Gegenübers und umgekehrt. Wie funktioniert die Übung jetzt? Selbst unter diesen sehr vereinfachten Bedingungen werden Sie feststellen: Es gibt Unterschiede im Verstehen – für die eine Person sehen gelbe Blumen so aus, für die andere anders.

2.2 Die architektonische Konzepterläuterung – kurz und knackig

Das Ziel eines architektonischen Konzepttextes ist, die zentrale Idee des entwickelten Konzepts vorzustellen: Die Kerngedanken werden auf den Punkt gebracht, das Leitthema wird in griffiger Form strukturiert vorgestellt. Der Text kann kurz und präzise oder auch etwas ausführlicher sein, je nachdem, was die Aufgabenstellung verlangt.

Dazu gehen wir nun in zwei großen Schritten vor. Zuerst wird es darum gehen, Ihren Text inhaltlich zu gliedern, aufzubauen und zu strukturieren. Danach wenden wir uns dem Sprachlichen zu – wie drücke ich das, was ich sagen will, am besten aus? Die Grundstrukturen, die wir hier erarbeiten, gelten generell für alle Texte, die Sie im Studium erstellen, auch die umfangreicheren. Wer die Basics verstanden hat und beherrscht, wird auch mit aufwendigeren, längeren Texten wenig Probleme haben. Struktur ist alles!

Tatsächlich erwähnen Lehrende immer wieder, dass es eines der großen Probleme für Studierende ist, ihre Texte nachvollziehbar zu strukturieren. Das gilt für Hausarbeiten ebenso wie für Präsentationen. Umgekehrt lässt sich beobachten, dass Studierende bessere Präsentationen abliefern, wenn sie zuvor ihrem Konzepttext mehr Aufmerksamkeit gewidmet und ihre Inhalte in eine klar strukturierte Form gebracht haben.

Stellen Sie sich folgende Situation vor, die alle Architekturstudierenden kennen: Sie erstellen eine Präsentation mit Plänen, deren Bestandteil auch Texte sind. Ein Betrachter, eine Betrachterin wird sich zuerst einen Überblick über Ihren Plan verschaffen, die Abbildungen überfliegen, den Titel lesen, die ersten Sätze Ihres Textes ebenso, dann abschweifen und mit dem Blick über weitere Abbildungen wandern – oder zum nächsten Entwurf gehen. Innerhalb weniger Sekunden wird sich entscheiden, ob Ihrem Entwurf länger Aufmerksamkeit geschenkt wird. Erhält man bei einem ersten kursorischen Blick über Ihr Plakat die wichtigsten Informationen griffig und strukturiert, vertieft man sich gern weiter darin.

Das heißt: An den Anfang Ihrer Präsentation gehört eine kurze und packende Darstellung der zentralen Gedanken, der Leitidee Ihres Konzepts. Worum geht es, was ist die Kernidee, was muss man auf alle Fälle wissen, um Ihr Projekt zu erfassen? Wenn Sie etwa einen Masterplan für ein neues Wohnquartier entwickelt haben, sind für Ihre Zielgruppe dann die individuellen Wohnungsgrundrisse relevant, um Ihren Entwurf zu verstehen, oder dient dafür eher das Ihren Planungen zugrunde liegende gestalterische Wohn- und Lebenskonzept?

Vielleicht hilft es Ihnen auch, sich – wie in der Übung im vorigen Abschnitt – vorzustellen, was Ihr Gegenüber nach Ihrer Beschreibung zeichnen würde. Welche Grundlagen sind Ihnen wichtig, so dass Ihr Projekt richtig erfasst wird?

Merke

Bringen Sie Ihre konzeptionelle Grundidee auf den Punkt. Versuchen Sie in drei, vier Sätzen festzuhalten, was Ihr Konzept charakterisiert. Dies gilt umso mehr auch für Ihre Präsentation, in der Sie das Interesse Ihres Publikums mit wenigen Worten wecken wollen.

Sie haben Angst, das Wichtigste bereits im ersten Satz zu verraten? Genau das sollen Sie aber tun – Sie schreiben schließlich keinen Krimi, für den Sie Spannung aufbauen müssen. Sie geben fachliche Informationen oder halten eine Fachpräsentation, in der Regel unter Zeitdruck und in einem begrenzten Rahmen.

Ein anderes Bild, das Ihnen helfen kann, ist der „Elevator Pitch"[4], der ganz ähnlich funktioniert: Stellen Sie sich vor, Sie steigen mit einer Person in den Aufzug, die sie in der kurzen gemeinsamen Zeit von Ihrem Projekt überzeugen wollen, da diese über sein Zustandekommen entscheidet. Auch hier müssen Sie das Wichtigste in wenigen Worten überzeugend zusammenfassen. Wie machen Sie das?

Denken Sie sich in die Rolle der Lesenden bzw. der Zuhörenden: Zuerst wollen Sie wissen, worum es geht. Stellen Sie sich vor, Sie entdecken einen neuen Planeten, die Erde. Zuerst schauen Sie von oben auf das große Ganze. Dann nähern Sie sich langsam an. Sie sehen Kontinente, Wassermassen, dann Landschaften, Flüsse, dann Städte, Straßen, Dörfer ... Wenn Sie etwas Zeit haben, schauen Sie den Kurzfilm „Powers of Ten" von Charles und Ray Eames aus dem Jahr 1977, der genau diese Relativität wunderschön einfängt.[5]

In einer ähnlichen Position findet sich eine Person wieder, die Ihren Entwurf betrachtet oder Ihren Text liest: Sie schaut zuerst auf das große Ganze, will erfassen, worum es im Gesamten geht, ehe sie sich immer weiter den Details annähert. Nähern Sie sich Ihrem Konzept auf die gleiche Weise an, lenken Sie den Blick vom Großen auf das Kleine. Wofür steht Ihr Entwurf, was charakterisiert Ihr Konzept? Je nachdem, wie viel Platz im Layout (oder bei einer Präsentation: wie viel Zeit) Ihnen zur Verfügung steht, beginnen Sie mit dem Wichtigsten und arbeiten sich dann immer weiter an die Details heran.

Achtung: Beim Start in die Grundgedanken Ihres Konzept haben Detailbeschreibungen keinen Platz, sie folgen in der ausführlicheren Version.

---

4   Mehr dazu gibt es zum Beispiel bei Joachim Skambraks, 30 Minuten Elevator Pitch, 5., überarb. Aufl., Offenbach 2012.
5   Charles und Ray Eames, Powers of Ten (deutsch: Zehn Hoch), 1977, online unter: YouTube, youtu.be/0fKBhvDjuy0 (Stand März 2021); Zehn hoch. Dimensionen zwischen Quarks und Galaxien, Philip und Phylis Morrison und das Studio von Charles und Ray Eames, Heidelberg [2]1991.

Merke

Die sprachliche Benennung der Kernidee ist nicht nachgeordnet, sondern Teil des Entwurfsprozesses. Sie wird in jeder Auseinandersetzung mit Ihrem Entwurf wichtig, sei es mündlich im Vortrag, sei es schriftlich auf den ausgestellten Plänen. Sie erlaubt die Strukturierung des Konzepts.

Übrigens: Auch ein griffiger Titel ist hilfreich für Ihr Projekt, da Sie darin in kurzer Form Ihre Kernidee unterbringen können. Aber nicht immer ist eine passende und kreative Überschrift für ein Konzept leicht zu finden. Auch nüchterne und informative Titel erfüllen ihren Zweck. Wenn Ihnen jedoch ein raffinierter Titel einfällt, dann nutzen Sie dieses Potenzial und achten Sie darauf, dass Ihre Konzepterläuterung sich auch immer wieder darauf bezieht und Sie das Thema nicht aus dem Blick verlieren.

Übung 1

Versuchen Sie Ihr Konzept in einem Tweet zu formulieren – 280 Zeichen inklusive Leerzeichen. Was ist zentral?

Hier können Sie auch mit der Sprache spielen. Einfach nur Wörter aufzählen? Eine Frage stellen? Witzig formulieren? Die Möglichkeiten sind unbegrenzt, einzige Vorgabe sind die 280 Zeichen.

Übung 2

Noch konzentrierter ist die folgende Übung: Versuchen Sie, verschiedene aussagekräftige Titel oder Mottos zu sammeln, die Ihre Leitidee beschreiben. Diese können provokant sein, Sie können mit Wörtern spielen oder mit anderen Sprachen arbeiten. Versuchen Sie es und denken Sie auch einmal ganz unerwartet und verrückt.

Übung 3

Diese Übung ist eigentlich mehr ein „Langzeit-Tipp". Lesen Sie andere Konzepttexte, kurze wie lange, wo immer Sie sie finden können – von Studierenden in höheren Semestern, von Architekten und Architektinnen, in Publikationen. Welche sprechen Sie besonders an, welche nicht? Nehmen Sie sich ein paar Minuten Zeit und überlegen Sie, woran dies liegt. So schulen Sie Ihren Blick für gelungene Texte und damit unbewusst auch Ihr eigenes Schreiben.

2.3 Die architektonische Konzepterläuterung – *extended version*

Wenn Sie die Möglichkeit haben, mehr Text in Ihrer Präsentation unterzubringen, können Sie Ihr Konzept ausführlicher darstellen. Der Umfang wird natürlich davon bestimmt, welche Vorgaben Sie haben. Bis zu zwei DinA4-Seiten sind die Regel (etwa für Wettbewerbsbeiträge). Eine reguläre Schriftart wie Arial in Schriftgröße 11 oder 12 sowie ein Zeilenabstand von 1,5 Punkten sind eine gute Richtlinie. Präsentieren Sie Ihren Entwurf auf Plakaten, so wird das Layout Ihnen den Textumfang vorgeben. Grundsätzlich gilt dabei immer: Achten Sie darauf, welche Vorgaben Ihre Betreuer Ihnen machen und halten Sie sich daran. Die Betreuerinnen haben in der Regel sehr viel zu begutachten, sich an ihre Vorgaben zu halten ist daher auch eine Geste der Höflichkeit. Hier ist nicht der Platz für kreative Experimente.

Was Sie für Ihre kurze Konzepterläuterung bereits erarbeitet haben, ist nach wie vor relevant. Sie haben Ihr Kernthema auf den Punkt gebracht, die Grundidee für das Intro formuliert und benannt. Dieses stellt die Einleitung Ihres längeren Konzepttextes dar, die Sie jetzt weiter ausbauen können. Haben Sie noch vor Augen, wie Sie sich vom Ganzen zum Detail vorarbeiten? Das dürfen Sie nun. Sie arbeiten sich thematisch zusammenhängend und strukturiert voran, vom Gesamten hin zum immer Konkreteren. Wie konkret Sie werden, wird letztendlich auch davon bestimmt sein, wie viel Platz und Zeit Sie zur Verfügung haben. Sie dürfen hier auch unbedingt Ihren gesunden Menschenverstand walten lassen – welche Informationen sind an dieser Stelle für Ihr Zielpublikum relevant, was ist nebensächlich? Und auch: Was wollen Sie mitteilen? Sie sind Urheber, Urheberin Ihres Textes, Sie bestimmen, welche Informationen zum Verständnis Ihres Konzepts wichtig sind. Wie relevant sind etwa bestimmte bauliche Details für ein Wohnbaukonzept? Überspitzt gefragt: Muss beschrieben werden, welche Türklinken ein entworfenes Haus hat, oder reicht es zu sagen, dass Türen vorhanden sind?

Struktur ist auch hier ein wichtiges Stichwort. Sie schreiben nicht einfach zusammen, was Ihnen einfällt, sondern geben dem Text einen roten Faden, ein Grundgerüst. Dadurch wird er für die Lesenden nachvollziehbar und verständlich. Sie brauchen gewissermaßen einen Bauplan. Auf der Baustelle werden keine Balkone gebaut werden können, wenn der Keller noch nicht steht, und der Maler wird keine Innenarbeiten machen, solang das Dach noch nicht gedeckt ist. Auch Ihren Konzepttext bauen Sie wie ein Gebäude nach einer systematischen Ordnung auf.

Vielleicht hilft es Ihnen auch, sich vorzustellen, was Ihr Gegenüber nach Ihrer Beschreibung zeichnen würde. Welche Details sind wichtig, um Ihr Konzept zu erfassen? Noch einmal überspitzt gesagt: Ihr Gegenüber kann keine Türklinken zeichnen, wenn es noch nicht weiß, wo die Türen sind.

Keine Angst, es ist normal, dass diese Struktur nicht von Anfang da ist, im Gegenteil. Sie formt sich Schritt für Schritt aus. Zunächst schreiben Sie in der Tat einfach alles auf, das Ihnen einfällt, im Idealfall schon parallel zum Zeichnen und Entwerfen, so dass Ihnen keine Ihrer Ideen verloren gehen. Es ist normal, dass Sie beim kreativen Entwerfen kreuz und quer denken. Sammeln Sie Stichpunkte, halten Sie Ihren Prozess fest, behalten Sie die Übersicht über Ihre Gedankengänge. Diese Gedanken müssen noch nicht perfekt ausformuliert sein! Sammeln Sie Ihre Ideen und Einfälle, später können Sie dieses Material dann strukturieren und sortieren.

Wie Sie das tun, ist Ihre Sache. Sie können sich Notizen machen, eine Gliederung handschriftlich entwerfen oder am Bildschirm erstellen. Sie können sich sogar im Kopf alles zurechtlegen, auch wenn dabei gern das ein oder andere durchrutscht. Am einfachsten ist es sicherlich, wenn Sie sich Stichpunkte notieren, die Sie jederzeit ergänzen können. Probieren Sie aus, mit welcher Methode Sie am besten arbeiten.[6]

Im nächsten Schritt sortieren Sie Ihre „Materialsammlung", ehe Sie beginnen den Text auszuformulieren. Wichtig ist: Hangeln Sie sich nicht von Absatz zu Absatz, sondern planen Sie Ihren Text in seiner Struktur. Wenn Sie wissen, wohin es gehen soll, ist das Verschriftlichen nur noch halb so schwer. Bilden Sie thematische Sinneinheiten, etwa indem Sie für ein Gebäudekonzept zuerst die äußere Struktur beschreiben, sich dann den Innenräumen zuwenden und zuletzt die Außenanlage um das Gebäude charakterisieren. Bei dieser Sortierung hilft Ihnen wieder das Bild vom Planeten, dem sie sich annähern – vom Ganzen zum Detail. Wenn Sie etwa einen städtebaulichen Masterplan entwickeln, starten Sie mit der Kernidee des Konzepts. Was ist charakteristisch? Dann arbeiten Sie sich weiter vor in den Bereichen Wohnraum, Freiraum und Verkehrsstruktur und stellen Ihre Inhalte hierzu vor, Schritt für Schritt, vom Gesamten immer weiter ins Detail.

Grundsätzlich gilt: Versetzen Sie sich in Ihr Publikum, in Ihre Hörerinnen und Leser. Welches Vorwissen bringen diese mit? Welche Informationen sind relevant für das Verständnis Ihres Konzepts? Wichtige Leitfragen dafür sind: Was ist das Charakteristische dieser besonderen baulichen Situation, an der Sie arbeiten? An dem Gebäude, das Sie entworfen haben? Welche Situation haben Sie vorgefunden, welche Lösungen haben Sie dafür entwickelt und warum? Insbesondere bei städtebaulichen Fragestellungen müssen Sie einen Blick auf das Gesamtgebiet als Ausgangssituation haben. Was ist vorhanden? Meist ist es die Erschließung, die die Vorgehensweise in einem Areal bestimmt. Welche Lösungen entwickeln Sie und warum? Worauf reagieren Sie, was bestimmt Ihren Entwurf? Und was wollen sie damit warum erreichen?

---

6 Es gibt ein breites Angebot an Ratgebern, in denen verschiedene Methoden vorgestellt werden. Wenn Sie mögen, beschäftigen Sie sich intensiver damit. In der beigefügten Literaturübersicht finden Sie Empfehlungen zum Start – verbunden mit der ausdrücklichen Ermutigung, hier weiter zu recherchieren, wenn Sie ein Thema interessiert.

2.4 Die Baubeschreibung

Eine weitere Aufgabe, die Ihnen im Laufe Ihres Studiums begegnen wird, ist die Beschreibung eines existierenden, meist historischen Gebäudes oder, in größerem Maßstab, eines städtebaulichen Ensembles, eines Platzes, Blocks, Quartiers, im Ganzen oder auch in Teilen. Tatsächlich weicht diese in den Grundzügen von der Beschreibung Ihres eigenen Projektkonzepts nicht so stark ab, wie es im ersten Moment scheinen mag: In beiden Fällen führen Sie die formale Gestaltung eines Bauwerks oder Ensembles Schritt für Schritt nachvollziehbar vor Augen – im einen Fall existiert das beschriebene Objekt in der Realität, im anderen in Ihrem Kopf.

Darüber hinaus gehört eine Beschreibung des „Ist-Zustands" häufig als Ausgangspunkt auch in ein umfangreicheres Konzept, das Sie erstellen, wenn Sie etwa ein städtebauliches Ensemble entwickeln oder mit Bestand arbeiten. Zudem ist eine Bestandsbeschreibung oft auch Voraussetzung für wissenschaftliches Arbeiten, wenn Sie etwa eine architekturhistorische Analyse erstellen und ein Gebäude dann stilistisch einordnen und interpretieren. Sie gehört auch zur klassischen Bauaufnahme.

Die Baubeschreibung schärft durch die Auseinandersetzung mit einem Bauwerk den Blick für das, was ist, und dient dazu, dies auch wiederzugeben. Sie lernen dabei, Gebäude zu „lesen" und sich zu erschließen. Quasi nebenbei lernen Sie auch, wie in der Vergangenheit gebaut und räumliche Fragen gelöst wurden. Was hat in der Geschichte funktioniert, was nicht? Wie haben Bauten das Leben geprägt und Sozialstrukturen beeinflusst? Wie tun sie das heute? Mit all diesen Informationen füttern Sie gewissermaßen Ihre eigene „Festplatte" mit Wissen, mit dem Sie weiterarbeiten können. Kreativität entsteht im seltensten Falle aus dem Nichts, sondern vielmehr aus der Auseinandersetzung mit dem Bekannten.

Auch bei der Baubeschreibung gehen Sie wieder vor wie bisher – vom Großen zum Kleinen, vom Gesamten zum Detail. Was würde jemand zeichnen, der nur Ihre Beschreibung vorliegen hat oder hört? Machen Sie sich vorab auch klar, was das Ziel Ihrer Beschreibung ist. Geht es darum, ein bestimmtes Bauwerk so zu beschreiben, dass dieses wiederauffindbar ist in seinen ganz besonderen Eigenschaften, oder geht es um einen beispielhaften Blick auf einen bestimmten Bautypus, etwa eine beispielhafte Blockrandbebauung? Je nachdem wie Ihre Antwort ausfällt, werden Sie den Schwerpunkt Ihrer Beschreibung anders legen.

Ein Gebäude beschreiben Sie zuerst in seiner Gesamtheit. Um was für einen Gebäudetypus handelt es sich (etwa: Wohnhaus, Fabrik, Schloss), wo befindet es sich (etwa: in einem Gründerzeitstadtviertel oder auf einem freistehenden Grundstück), wie sind seine Dimensionen? Falls es gewünscht wird und es Ihnen möglich ist, ordnen Sie es auch historisch und stilistisch ein.

Dann arbeiten Sie entsprechend Ihrer Aufgabenstellung systematisch weiter. Beschreiben Sie den Aufbau einer Fassade etwa von unten nach oben. Benennen Sie innerhalb der einzelnen Fassadenteile die Gliederungselemente (Gesimse, Pilaster, Säulen, Fenster etc.). Vergessen Sie auch den Grundriss des Baus nicht. Welche Elemente sind besonders charakteristisch, welche sind typisch für den jeweiligen Gebäudetypus?

Insgesamt gehen Sie objektiv und neutral vor. Sie beschreiben nur, Sie interpretieren und deuten nicht (das unterscheidet sich ein wenig von Ihrem eigenen Konzept, wo sie durchaus Formentscheidungen auch begründen). Formulieren Sie präzise und auf den Punkt, schweifen Sie nicht unnötig aus. Wichtig ist zudem auch noch zu bedenken und zu benennen, ob Ihre Beschreibung vor Ort oder anhand eines Mediums (Fotografie, Modell) erfolgt. Das Medium müssen Sie mit einbeziehen, denn dadurch wird bereits eine bestimmte Perspektive, ein bestimmter Blick auf Ihr Objekt vorgegeben. Eine Fotografie wird von einem fixen Standpunkt aus aufgenommen und gibt Farben in einer bestimmten Weise wieder, ein Modell kann die Materialität eventuell verzerren. Sollten Sie mehrere Gebäude beschreiben, etwa um sie zu vergleichen, gehen Sie jeweils auf die gleiche Weise vor.

Tipp

Bevor wir uns den sprachlichen Feinheiten zuwenden ein Tipp, den Sie jederzeit anwenden können: Testen Sie Ihren Text. Tragen Sie die geplante Struktur Ihres Konzepts einem Freund oder einer Kommilitonin vor. Lassen Sie auch Korrektur lesen – nicht nur und nicht sofort auf Rechtschreibung und Formulierung hin, sondern auf inhaltliche Konsistenz. Manchmal ist es sogar hilfreicher, jemand Fachfremden zu Rate zu ziehen. Kommt an, was Sie mitteilen wollen? Wo wird nachgefragt? Lassen Sie sich nach Ihrem mündlichen Überblick noch einmal wiedergeben, was das Gegenüber verstanden hat. Auf diese Weise erfahren Sie, wie Ihre Informationen ankommen. Ist es das, was Sie mitteilen wollen? Wie schon häufig erwähnt: Denken Sie immer an die Adressaten. Sie wollen Ihre Ideen kommunizieren, Ihr Ziel ist, dass Ihre Zuhörer verstehen. Versetzen Sie sich in ihre Lage, machen Sie es so einfach wie möglich, Ihre Gedanken nachzuvollziehen.

Außerdem noch einmal: Lesen Sie. Hören Sie zu. Texte, Konzepte, Artikel, alles, was Ihnen in Ihrem Studienalltag begegnet. Sie erfahren damit natürlich sehr viel Inhaltliches, aber achten Sie auch darauf, was Sie gern gelesen haben. Wo haben Sie viele Informationen mitgenommen, wo nicht? Welche Lektüre hat Ihnen gefallen, welche nicht? Woran lag das?

Achten Sie auch darauf, wie Kolleginnen, Professoren, Kommilitoninnen kommunizieren. Merken Sie sich Vorbilder und Beispiele – positive wie negative.

2.5 Satz – Absatz – Kapitel

Noch ein paar allgemeine Grundlagen zum Abschluss dieses Kapitels. Ein Text besteht aus Sätzen, Absätzen und Kapiteln. Diese Unterteilung hilft den Lesern, Ihre Überlegungen strukturiert nachzuvollziehen: In einem Satz benennen Sie einen Gedanken; häufig gegliedert in Haupt- und Nebensatz. Achten Sie darauf, dass Sie im

Hauptsatz Ihre Kernaussage benennen, die Sie mit einem oder mehreren Nebensätzen erweitern und konkretisieren. In einen Nebensatz gehören keine weiteren Kernaussagen.

Einen zusammenhängenden Gedankengang wiederum fassen Sie in einem Absatz zusammen. Das ist oft etwas schwieriger. Viele Studierende machen häufig nach jedem Satz einen Absatz (sprich: einen Zeilenumbruch) oder aber gar keine Absätze. Beides ist nicht gut, denn es erschwert den Lesefluss und somit das Verständnis Ihres Textes. Eine Faustregel besagt, dass in einem Absatz mindestens drei Sätze stehen sollten. Und, auch das ist mir schon begegnet: Ein Absatz wird nicht nach optischen Gesichtspunkten gesetzt. Absätze sind dafür da, Ihren Text inhaltlich so zu strukturieren, dass die Lesenden Ihren Aussagen folgen können.

Kapitel wiederum sind größere Sinneinheiten, die aus mehreren Absätzen bestehen. Man erkennt sie an einer eigenen Überschrift, meist auch in Begleitung einer fortlaufenden Nummerierung. Kapitel werden für Sie insbesondere in umfangreicheren Texten relevant. In einer Hausarbeit werden sie in der Regel mit einer kurzen Einleitung eröffnet und am Ende mit einem zusammenfassenden Satz oder Absatz geschlossen. Als Richtlinie können Sie sich merken, dass auch Kapitel ähnlich aufgebaut werden wie Ihr Gesamttext: Der Blick richtet sich vom Allgemeinen zum Besonderen. Auch dafür wird sich Ihr Blick mit Übung schärfen.

Tipp

Im Studium werden Sie sicherlich auch immer wieder Texte in Partner- oder Gruppenarbeit erstellen. Am sinnvollsten ist hier, wenn eine Person eine Rohfassung erstellt, die die anderen kommentieren und ergänzen. Der Ausgangstext ist dabei bewusst als „Arbeitsmaterial" gedacht, das verändert und kritisiert werden kann.

Wenn Sie mehrere Kapitel schreiben, können Sie auch jedes Kapitel von einer anderen Person verfassen lassen. Achten Sie dabei darauf, dass Sie dabei alle die gleichen formalen Grundlagen einhalten.

3 Leserorientiert schreiben

Bisher haben wir uns damit beschäftigt, wie Inhalte zusammenge-stellt und strukturiert werden. Jetzt können wir den Blick darauf richten, wie diese Inhalte leserorientiert weitergegeben werden können.[7] Im akademischen ebenso wie im beruflichen Kontext gilt: Wenn meine Inhalte wahrgenommen werden sollen, muss ich dafür sorgen, dass dies so unkompliziert wie möglich geschehen kann.

Erinnern wir uns noch einmal an die Zeichen-Übung. Wie hat die Kommunikation am besten funktioniert? Einem Fachstudien-kollegen konnten Sie die Abbildung anders beschreiben als etwa einer Biologin. Ersterem schilderten Sie vielleicht die geometrische Position der Objekte im Bildvordergrund, während Sie bei Zweiter auf einfachere umgangssprachliche Begriffe zur Beschreibung zu-rückgriffen. Bei Ihren Geschwistern wiederum wählten Sie sicher eine flapsigere Ausdrucksweise als Sie es bei Ihrer Professorin in der gleichen Übung getan hätten. Ebenso war die Arbeitssituation während eines Seminars eine andere als etwa zu Hause.

Kurz gesagt, es war relevant zu wissen, wer Ihr Gegenüber ist. Welchen Background bringt er oder sie mit, welches Vorwissen hat er, welche (Fach-)Sprache spricht sie? Aber auch: In welcher Situation kommunizieren Sie mit ihm oder ihr? Davon hing ab, welche Sprache und Ausdrucksweise Sie wählten. Das heißt also, die Ent-scheidung über die Gestaltung unseres Textes in Sprache und Stil hängt auch davon ab, wer unser Gegenüber ist.

---

7   Der Einfachheit halber bleiben wir beim Begriff Leser/Leserin. Grundsätzlich gelten die folgenden Punkte für alle Adressaten, gleich ob wir sie schriftlich oder mündlich ansprechen.

3.1 Textart und Stil

Im Rahmen Ihres Architekturstudiums werden Sie in erster Linie ein Konzept präsentieren, das Sie beschreiben – Ihr eigenes oder ein fremdes. Um Ihnen aber einen kleinen Eindruck zu geben, welche Möglichkeiten es darüber hinaus gibt und warum auch die Wahl von Textart und Stil eine wichtige Entscheidung für Ihr Schreiben und Kommunizieren bedeutet, erhalten Sie hier einen kleinen Einblick in das, was möglich ist. Dass dieser natürlich nicht erschöpfend sein kann, versteht sich.

Übung

Eine kleine Liste mit Textarten, die ergänzt werden kann:

Konzept, Projektbeschreibung, Wettbewerbsbeitrag, Präsentation, journalistisch, Essay, wissenschaftlich, narrativ/Roman, Comic, Katalogtext, E-Mail, Tweet, Instagram-Post, ...

Ein Text wird nicht nur abhängig vom Adressaten, sondern auch abhängig vom Zweck ganz unterschiedlich gestaltet: Eine an eine Freundin gerichtete E-Mail ist anders aufgebaut als ein offizieller Brief an ein Amt, ein Roman wird anders strukturiert als ein Gedicht, ein Comic anders als ein Blogeintrag. Unterschiedliche Textarten bringen unterschiedliche Weisen sich auszudrücken mit sich, sowohl in der Sprachwahl als auch in der Art Sätze aufzubauen. Dies alles macht den Schreibstil aus: Dieser kann in der E-Mail persönlich und salopp, im offiziellen Schreiben formal und nüchtern gehalten sein, die Sätze können kurz und unterhaltsam oder verschachtelt und lang formuliert sein. Je mehr Erfahrung und Routine jemand beim Schreiben hat, desto mehr wird sich auch sein oder ihr ganz individueller Schreibstil formen, der in jeder Textform durchscheint – ebenso wie sich ein Zeichenstil oder ein Baustil mit der Zeit bildet. Dies soll Sie nicht entmutigen oder abschrecken! Wir wollen keine preiswürdige Literatur schaffen, sondern gute, solide Texte mit dem Ziel der Verständlichkeit verfassen. Hierfür brauchen Sie eine gute Basis. Und diese kann man sich erarbeiten.

Übung 1

Wenn Sie Ihr Gefühl für unterschiedliche Textarten und Schreibstile trainieren wollen, versuchen Sie einmal, den gleichen Inhalt in verschiedenen Textformen zu formulieren. Dadurch wird Ihnen auch klar, was Ihr Text im Studium können soll – und was nicht. Wählen Sie etwas Kurzes. Es geht nicht um die Menge, sondern um den Wechsel der Schreibperspektive. Sie könnten zum Beispiel den Raum, in dem Sie sich gerade befinden, beschreiben. Welche fünf wesentlichen Charakteristika prägen ihn? Wie wirkt er auf Sie? Teilen Sie diese Infos in wenigen Sätzen einem Freund in einer E-Mail oder, noch kürzer, in einer WhatsApp-Nachricht mit. Dann stellen Sie sich vor, Sie wollen den gleichen Inhalt einem Laien-Leserpublikum in einer Zeitschrift vorstellen. Wie ändert sich die Art Ihres Schreibens?

Übung 2

Diese Übung ist mehr eine wichtige Angewohnheit, die Sie sich zu eigen machen sollten, wir haben sie schon ein paar Mal angesprochen: Lesen Sie gezielt unterschiedliche Texte. Welche gefallen Ihnen, welche nicht – und warum? Nehmen Sie sich hin und wieder die Zeit und analysieren Sie diese Texte. Im Rahmen dieser Übung achten Sie gezielt auf unterschiedliche Textarten. Machen Sie sich bewusst, worin die Besonderheiten der verschiedenen Text-Typen liegen und welcher Stil zum Einsatz kommt. Hat dies eine bestimmte Auswirkung auf die Informationen, die darin mitgeteilt werden? Verstehen Sie den Text beim ersten Lesen? Macht es Spaß ihn zu lesen?

Für Fortgeschrittene:
Stilistisch kann – muss aber nicht! – mit Sprache und Ausdruck gespielt werden. Inhaltliche Besonderheiten lassen sich auch durch Sprache verdeutlichen. Dadurch haben Sie Möglichkeiten, Ihren Konzepttext individuell werden zu lassen und ihn von anderen Texten unterscheidbar zu machen.

Sie können zum Beispiel Wiederholungen bewusst einsetzen:

✓ *Vielfalt durch Gebäudetypologien, Vielfalt durch gemischte Be-*
wohnerschaft, Vielfalt durch bunte Fassaden, Vielfalt durch Misch-
nutzung, ... (wenn Ihr Thema die Vielfalt Ihres Masterplans ist)

Sie können auch mit Gegensätzen spielen:

✓ *Dichter Freiraum: Ein großer Park trifft auf private Gärten, groß-*
zügige Freiflächen treffen auf zurückgezogene Nischen.

Sie können mit Fragen spielen, einen lyrischeren Tonfall anschla-
gen, mit Stilfiguren arbeiten – die Möglichkeiten sind vielfältig.
Aber: Nutzen Sie diese Möglichkeiten erst, wenn Sie die Grundlagen
sicher beherrschen. Denn generell gilt: Wer den Rahmen sprengen
will, muss ihn zuerst kennen! Nur wer die Regeln kennt, kann sie
auch bewusst und geplant übertreten und mit ihnen spielen. Ihr
Publikum wird dies merken. Und: Wenn Ihnen keine ausgefallene
stilistische Variante einfällt, so ist das völlig in Ordnung!

3.2 Sprachliches, allzu Sprachliches

Ganz egal in welcher Textart und in welchem Stil Sie kommunizieren, ob schriftlich oder mündlich, Ihr Handwerkszeug, Ihr Material
ist immer die Sprache. Es ist wichtig, sich dies klar zu machen und
sich für das eigene Handwerkszeug zu sensibilisieren. Wie funktioniert es? Welche Tricks gibt es, welche Fallen sollte ich vermeiden?
Es ist nicht anders als auf einer Baustelle: Das Werkzeug muss akku-
rat bedient werden, um sauber zu arbeiten. Steht das Gebäude erst
einmal, denkt niemand mehr an den Hammer oder die Schaltafeln,
sofern sie sauber und fachgerecht eingesetzt worden sind. Sind
aber etwa Schaltafeln unsauber installiert oder Rohre falsch verlegt
worden, bemerkt man Spuren davon auch am fertigen Gebäude. Im
schlimmsten Falle beeinträchtigen ihre Folgen das künftige Bauwerk.
    Also: Führen Sie sich vor Augen, wie Ihre Handwerkszeuge
funktionieren und werden Sie sensibel für deren Möglichkeiten.

Wie? Das zeige ich Ihnen jetzt für das Sprachliche. Und keine Angst, aus Ihnen muss kein Goethe werden!

3.3 Die Fachsprache: „Architekten-Sprech" für alle?

Zum Kommunizieren über Architektur gehört, wie in jeder Disziplin, ein bestimmtes Fachvokabular. Fachbegriffe haben den Vorteil, einen Sachverhalt präzise auszudrücken. Es ist klar und eindeutig, was gemeint ist. Daher spricht man etwa von Grundriss und Aufriss, von Balkonen, Erkern und Eckpavillons. In Texten kann dies hin und wieder holprig klingen, wenn sich bestimmte Begrifflichkeiten wiederholen. Sie erinnern sich sicher an das Gebot aus dem schulischen Deutschunterricht, Wiederholungen zu vermeiden. Das ist natürlich nicht falsch und auch bei Fachbegriffen gibt es Möglichkeiten, den Lesefluss angenehm zu gestalten. Sie müssen jedoch nicht krampfhaft Synonyme suchen. Generell gilt: Fachbegriffe bieten den Vorteil der eindeutigen Verständlichkeit, die hier vor literarischer Eleganz steht.

Darüber hinaus dient ein Fachvokabular auch der Gruppenbildung: Man gehört zusammen und „versteht" sich, man spricht buchstäblich die gleiche Sprache. Wer dazu gehören möchte, muss sich diese aneignen. Im Umkehrschluss bedeutet dies aber auch: Nicht alle sprechen die gleiche (Fach-)Sprache, nicht alle Leserinnen oder Zuhörer bringen das gleiche Wissen um Begrifflichkeiten und Ausdrucksweisen eines Architekten mit. Und Sie als klassische Architektin werden künftig voraussichtlich häufiger mit fachlichen Laien zu tun haben als mit einem Fachpublikum.

Für Sie als Studierende der Architektur ergibt sich daraus eine paradoxe Situation. Einerseits müssen Sie die Fachtermini lernen, um sich präzise ausdrücken zu können und Ihr Fach in seiner Komplexität zu durchdringen, denn natürlich gehört zu den Fachbegriffen auch etwas, das sie bezeichnen und das es zusätzlich zu wissen gibt, sei es ein Gegenstand, sei es ein Sachverhalt. Andererseits müssen Sie darauf achten, mit wem Sie reden. Wer zu sehr in seinem fachlichen Jargon verharrt, läuft Gefahr sein Publikum zu verlieren. Man klingt abgehoben, technisch und zu gewollt elitär.

Eine verwirrende Situation, in der Tat. Aber auch hier keine Sorge, mit der Zeit entwickeln Sie ein Gespür dafür. Wichtig ist, dass Sie sich bewusst machen, wie Fachterminologie funktioniert – dass es sie gibt, wie sie verwendet wird und natürlich auch was sie bedeutet. Studierende machen oft zweierlei Fehler: Zum einen streuen sie zu viele Fachbegriffe ein, ohne diese wirklich verstanden zu haben. Man merkt Texten an, wenn sie zu sehr an der Oberfläche ihres Themas bleiben und fast zu einer Aneinanderreihung von Schlagwörtern werden.[8] Zum anderen werden Sachverhalte nicht mit dem richtigen Begriff bezeichnet, sondern umschrieben. Dadurch werden Inhalte nicht auf den Punkt gebracht. Also: Schärfen Sie Ihren Blick für die Besonderheiten Ihrer fachlichen Sprache.

Übung 1

Sammeln Sie Ausdrücke, die Ihnen im Studium begegnen. Begriffe, die Sie zum ersten Mal hören, ebenso wie Formulierungen, die immer wieder auftauchen. Machen Sie sich klar, was damit eigentlich bezeichnet wird. Wie lässt sich dies umschreiben? Wie würden Sie einem Laien oder einer jüngeren Studienkollegin den Begriff erklären?

Wichtig ist: Nur wenn ich etwas verstanden habe, kann ich es auch anderen verständlich erklären. Dies ist eine einfache Übung, um sich, ganz gleich bei welchem Thema, zu testen: Erklären Sie anderen das, womit Sie sich beschäftigen. Sprechen Sie darüber.

Ihre „Architekten-Sprech"-Liste können Sie Ihr ganzes Studium über führen und fortlaufend pflegen. Es ist auch spannend zu beobachten, welche Begriffe Ihnen etwa am Anfang Ihres Studiums fremd waren.

---

8 Hilfreich kann hier auch ein Blick auf das sogenannte Hamburger Verständlichkeitsmodell sein, nach dem die Verständlichkeit eines Sachtextes von vier Faktoren abhängt: Einfachheit, Gliederung/Ordnung, Kürze/Prägnanz und zusätzliche Anregungen (Inghard Langer, Friedemann Schulz von Thun, Reinhard Tausch, Sich verständlich ausdrücken, München, Basel [10]2015). Hierzu gibt es einschlägige Hilfsliteratur in Print und online.

Zum Start einige Ausdrücke, die Ihnen in der Architektur immer begegnen werden und die nicht zwangsläufig für alle „selbstverständlich" sind:

Geschosswohnung
Stadtbaustein
Eckbetonung
Siedlung
Quartier
Etagenwohnung
Erschließung
Rückbau
...

Übung 2

In einem zweiten Schritt können Sie Ihre Liste noch weiter differenzieren. Viele Fachbegriffe sind per se eigentlich gut verständlich, weil sie deutsche Komposita und keine Fremdwörter sind. Dadurch wird ihre fachspezifische Bedeutung jedoch oft unsichtbar, denn man „versteht" den Begriff ja irgendwie – nur eben nicht einheitlich. Solche Begriffe sind etwa „Nachhaltigkeit", „Baukultur", „Aufenthaltsqualität".

Solche Termini sollten Sie nicht zu oft verwenden, denn unser Ziel ist ja der präzise Ausdruck. Überprüfen Sie, wenn Sie so einen Begriff verwenden wollen, was man stattdessen konkreter sagen könnte. Nur weil alle diese Wörter verwenden, sind sie nicht „richtiger", im Gegenteil, oft verflachen Inhalte durch zu häufigen Gebrauch:

Nachhaltigkeit
Baukultur
Adressbildung
Aufenthaltsqualität, Lebensqualität, Wohnqualität
Nachverdichtung
Verorten
...

> **Merke**
>
> Machen Sie sich bewusst, welche Fachbegriffe Sie verwenden und was diese bezeichnen. Sie sollten grundsätzlich jeden Fachbegriff auch in einfachen Worten umschreiben können, dann nämlich haben Sie ihn auch wirklich verstanden. Ihr Ziel ist es, sich präzise ausdrücken zu können.
>
> Und: Schreiben Sie nicht für Ihre Dozenten, indem Sie etwa immer wieder Fachwörter einstreuen oder einen bemüht gewählten Tonfall anschlagen. Schreiben Sie für eine breite Leserschaft. Nehmen Sie Ihren Leser, Ihre Leserin an die Hand und leiten Sie sie durch Ihren Text.

3.4 Allgemein Sprachliches

In Ihrem Text verwenden Sie natürlich nicht nur Fachterminologie, sondern noch sehr viel mehr Wörter und Begriffe. Inhaltlich haben Sie Ihre Gedanken in Struktur gebracht, für die Fachbegriffe Ihres Berufs sind Sie sensibilisiert, nun gilt es, alle Inhalte aufs Blatt zu bringen, ganz gleich ob Sie diesen Text am Ende vortragen oder schriftlich vorlegen werden. Ihr Ziel ist kein Nobelpreis für Literatur, sondern ein gut verständlicher, präziser Text, der im Idealfall gut lesbar und nicht aufgebläht ist. Mit ein paar Kniffen und einem Blick für die allgemein üblichen Schwierigkeiten beim Formulieren werden Sie hier gut weiterkommen.[9]

Ein Tipp vorab: Lassen Sie sich von der Fülle an Informationen rund um Sprache und Grammatik nicht verunsichern. Suchen Sie sich die Informationen heraus, die Sie weiterbringen. Diese Punkte sind für

---

9   In jedem Schreibratgeber finden Sie ähnliche Hinweise, die grundsätzlich hilfreich sind. Die hier getroffene Auswahl ist eine Übersicht über Schwierigkeiten, mit denen Studierende der Architektur häufiger zu kämpfen haben. Wenn Sie sich weiter mit der Thematik befassen wollen, finden Sie eine Vielzahl entsprechender Publikationen; am Ende nenne ich Ihnen einige wichtige Publikationen zum Start.

die letzten Überarbeitungsdurchgänge relevant. Wenn der Inhalt steht, können Sie sich an den sprachlichen Feinschliff machen. Es ist nicht nötig, von Anfang an schon auf diese Feinheiten zu achten.

Und noch ein Weiteres: Mit Routine und Schreiberfahrung entwickeln Sie sich weiter. Viele der hier angeführten Punkte werden sich verselbständigen und Ihnen in Fleisch und Blut übergehen. Also – lassen Sie sich nicht verunsichern, sondern legen Sie einfach los!

3.5 Satzbau: Parataxen oder das Geheimnis der Satzverbindungen

Häufig wird in architektonischen Texten Hauptsatz an Hauptsatz gereiht. Dieser parataktische Stil kann abgehackt und trocken wirken. Ein Text liest sich flüssiger und auch sinniger, wenn Sätze mit Konjunktionen oder Adverbien verbunden werden. Mit geschickt gesetzten Satzverbindungen erleichtern Sie Ihren Lesenden das Verständnis Ihres Textes. Dies bedeutet nicht, dass Sie nun mit zeilenlangen Satzkaskaden Thomas Mann Konkurrenz machen. Im Gegenteil: Zu lange Sätze gehören auch nicht in Ihren Text.

Auch wenn ich mich wiederhole: Ihr Ziel sind übersichtliche, gut nachvollziehbare Texte. Dazu gehört auch die sprachlich logische Strukturierung der Sätze. Nehmen Sie Ihre Lesenden an die Hand und leiten Sie sie durch den Text. Übrigens: Einfach zu formulieren bedeutet nicht, dass der Inhalt simpel wäre, im Gegenteil!

Schauen wir uns ein paar Beispiele aus studentischen Texten an:

Parataktisch:

! *Eine Bundesstraße grenzt an das geplante Quartier an. Der Geräuschpegel ist hoch. Es gibt Hecken, die den Lärm abhalten. Man kann sich dort gut aufhalten.*

Mit Satzverbindungen 1:

✓ *Eine Bundesstraße grenzt an das geplante Quartier an, daher ist der Geräuschpegel hoch. Dennoch halten Hecken den Lärm gut ab, so dass man sich dort gut aufhalten kann.*

Mit Satzverbindungen 2:

✓ *Obwohl eine Straße an das geplante Quartier grenzt und der Geräuschpegel daher hoch ist, halten Hecken den Lärm gut ab und man kann sich dort gut aufhalten.*

Beispiel vorher – nachher:

! *Im Quartier selbst gibt es nur Fahrrad- und Fußgängerverkehr. Oberirdische Parkplätze befinden sich nur im Norden und Süden. Um genügend Stellplätze zu gewährleisten gibt es noch Tiefgaragen. Fahrräder können in Fahrradboxen, welche den Wohnungen zugeordnet und in die Holzstruktur des Gebäudes miteinbezogen sind, oder unter dem brückenartigen Baukörper abgestellt werden.*

Besser:

✓ *Im neu entstehenden Quartier gibt es nur Fahrrad- und Fußgängerverkehr. Um es autofrei zu gestalten, werden Parkplätze an den Nord- und Südrändern des Areals sowie in Tiefgaragen eingerichtet. Fahrräder hingegen können in Radboxen, die den Wohnungen zugeordnet sind, und an Fahrradständern im gesamten Quartier abgestellt werden.*

Wichtige „Satzverbinder" (Konjunktionen, Adverbien) und ihre semantische Bedeutung sind:

- Kausal: weil, da, denn, deshalb
- Temporal: wenn, als, während, seitdem, solange, bis, bevor, nachdem, sobald, damals, davor, vorher
- Konsekutiv: dass, so dass, also, daher, darum, deshalb, deswegen, folglich, infolgedessen
- Modal: indem, dadurch, dass, dabei, dadurch, damit, so
- Lokal: wo, woher

- Adversativ (Gegensatz): während, aber, doch, sondern, jedoch, hingegen, dagegen
- Final (Absicht, Zweck): damit, um
- Konzessiv (Einräumung): obwohl, obgleich, trotzdem, dennoch, allerdings

Tipp

Generell gilt auch hier: Lesen und hören Sie bewusst andere Texte und achten Sie auf Stil und Sprache. Was gefällt Ihnen? Was nicht? Wo und wie haben Sie gern gelesen, zugehört, wo nicht? Welcher Text hat gut funktioniert? Welcher nicht?

3.6 Hauptsachen im Hauptsatz

Immer wieder lässt sich beobachten, dass Studierende wichtige und neue Informationen gewissermaßen durch die Hintertür in ihren Text einfließen lassen, indem sie diese in Nebensätzen und Einschüben erwähnen. Informationen, die in Ihrem Text noch nicht genannt wurden, haben einen eigenen (Haupt-)Satz verdient. Dies hat ganz simple grammatische Gründe: Nebensätze und Einschübe ergänzen das im Hauptsatz Gesagte.

Stellen Sie sich vor, wie Sie ein Haus beschreiben. Sie sind dabei schon vom Äußeren ins Innere vorangeschritten und schreiben nun etwa Folgendes: „Der Wohnbereich im Erdgeschoss ist von einer langen Fensterfront umgeben, die in den Garten führt." Diesen Garten haben Sie bisher aber noch nicht erwähnt. Der Leser wird irritiert – es handelt sich um ein Haus mit Garten, wo kommt der denn plötzlich her? Zugegeben, das Beispiel ist sehr einfach. Es verdeutlicht Ihnen aber, worum es geht: Diese Irritation der Lesenden können Sie vermeiden, indem Sie zu Beginn Ihrer Beschreibung alle wichtigen Informationen nennen, zum Beispiel: Es handelt sich um ein zweigeschossiges Wohnhaus mit Garten, dessen Gestaltung von umlaufenden Fensterbändern charakterisiert wird.

3.7 „Füllmaterial" vermeiden!

Es gibt Formulierungen und Ausdrücke, die einen Satz unnötig aufblähen, ohne eigentlich etwas auszusagen. Da Sie für Ihre Konzepttexte in der Regel nicht viel Platz zur Verfügung haben, verschenken Sie durch solche floskelhaften Formulierungen unnötig Platz. Das meiste kann man viel kürzer und knackiger sagen. Beispiele für solche „Füllwörter/-formulierungen" sind etwa:

– Es hat sich gezeigt, dass …
– Beachtung schenken …
– Unser Konzept soll …
– Eigentlich …
– Dies beruht auf der Tatsache, dass …
– wohl, fast, irgendwie, gewissermaßen

Hierher gehören auch Alltagsbegriffe und Umgangssprache („toll", „super"), die in einem fachlichen Text nichts verloren haben:

! *Durch die neue Straßenbahn in die Innenstadt hat der Richard-Wagner-Platz eine* <u>tolle</u> *Lage in der Stadt.*

Besser:

✓ *Dank der neuen Straßenbahnlinie wurde die Anbindung des Richard-Wagner-Platzes an die Innenstadt verbessert und seine Lage in der Stadt aufgewertet.*

Eine weitere Facette der Füllwörter sind Ausdrücke, die häufig zur Beschreibung von Bauprojekten eingesetzt werden, wenn diese besonders positiv dargestellt und beworben werden sollen. Allzu oft sind solche Begriffe ungenau und nichtssagend, obwohl sie gut klingen. Was etwa ist eine „attraktive Wohnlage"? Was macht ihre Attraktivität aus, für wen? Ist sie von Grün umgeben, liegt sie ruhig, ist sie gut erschlossen, sind die Fassaden gefällig angestrichen? Dann können genau diese Punkte auch benannt werden:

! *Der Aufzug für die neu erbauten Wohnungen bildet eine Besonderheit, die vor allem für alte und körperlich eingeschränkte Menschen* <u>attraktiv</u> *wirkt.*

Besser:

 Die Ausstattung mit einem Aufzug lässt die neuen Wohnungen insbesondere auch für alte und körperlich eingeschränkte Menschen gut nutzbar werden.

Dabei kann Ihre Projektbeschreibung – je nach Aufgabenstellung – durchaus auch einmal persönlicher werden, wenn Sie dies begründen und erklären. Für Sie ist das von Ihnen geplante Wohnquartier attraktiv? Dann sagen Sie dies konkret: „X und Y lassen das Neubaugebiet zu einem attraktiven Ort für junge Familien werden."

Übung 1

Von A bis Z: Hier finden Sie eine Liste mit typischen Floskeln aus Wohnungsbroschüren. Führen Sie diese im Laufe der Zeit fort. Gelacht werden darf dabei übrigens auch![10]

Ansprechende Architektur
Angenehmes Raumklima
Ausgewogene Proportionen
Anspruchsvolle Gestaltung
Ästhetische Vollendung
Besonderer Wohnwert
Begeisternde Lufträume
Durchdachter Grundriss
Edle Sichtbetontreppe
Energetische Ausstattung
Einladender Essplatz
Exklusives Musterhaus
Familienfreundlich
Farbliche Akzente
Funktionale Sachlichkeit
Ganzheitliches Baukonzept
Geborgenes Zuhause
....

---

10 Die Beispiele stammen aus einer Studierendenarbeit der Hochschule für Gestaltung (HfG) Karlsruhe (Häuser zum Anfassen, Ebru Inanc, Theresa Rößler, Stephanie Rothe, Philipp Schell, Thomas Rustemeyer, Laurine Haller, Karlsruhe 2019, S. 149–154).

3.8 Allgemeine Tipps und Tricks

Hier liste ich Ihnen einige allgemeine Tipps und Tricks für den Umgang mit Fehlern auf, die immer wieder gemacht werden. Die Hinweise beziehen sich sowohl auf Fragen der Ausdrucksweise und Formulierung als auch auf Schreibweisen und grammatische Fehler. Sollte Ihnen die Grammatik Schwierigkeiten machen, werfen Sie noch einmal einen bewussten Blick in den Duden, Sie werden sich danach sicherer fühlen![11]

Das Allerwichtigste jedoch: Schreiben Sie mit einem Schreibprogramm, Word etwa, und nicht in einem der Design-Programme, mit denen Sie auch arbeiten! Schreibprogramme erleichtern die Arbeit am Text, nicht zuletzt auch dadurch, dass hier eine automatische Rechtschreibprüfung geboten wird.

Formulierungen:

Vermeiden Sie Formulierungen mit „soll". Ihr Konzept ist Ihr Konzept, treten Sie selbstbewusst auf.

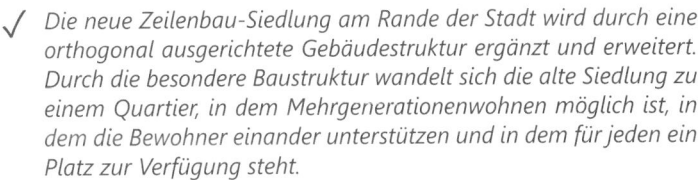 *Die neue Zeilenbau-Siedlung am Rande der Stadt wird durch eine orthogonale Gebäudestruktur ergänzt und erweitert. Die jetzige Siedlung als Wohnort soll durch die besondere Baustruktur, die zudem Freiflächen im Bereich des Zentrums generiert, zu einem Quartier werden. Es soll Mehrgenerationenwohnen entstehen, in dem die Menschen gegenseitig voneinander profitieren und für jeden ein Platz zur Verfügung steht.*

Besser:

✓ *Die neue Zeilenbau-Siedlung am Rande der Stadt wird durch eine orthogonal ausgerichtete Gebäudestruktur ergänzt und erweitert. Durch die besondere Baustruktur wandelt sich die alte Siedlung zu einem Quartier, in dem Mehrgenerationenwohnen möglich ist, in dem die Bewohner einander unterstützen und in dem für jeden ein Platz zur Verfügung steht.*

---

11 Der Duden bietet online eine Übersicht über die Rechtschreibregeln: www.duden.de/sprachwissen/rechtschreibregeln (Stand März 2021).

Vermeiden Sie Formulierungen mit „wir".
Dies ist sicherlich auch Geschmacksache. Richten Sie sich hier nach den Gepflogenheiten an Ihrer Universität oder Hochschule.

! *Mit dem Konzept XY wollen wir ein neues Quartier gestalten, das nachhaltig und grün ist und große Lebensqualität bietet.*

Besser:

✓ *Nachhaltigkeit und Lebensqualität – das neue Quartier XY bietet seinen Bewohnern ...*

Formulieren Sie nicht zu viel im Passiv:

! *Durch die Anordnung eine Riegels zur Hauptverkehrsachse hin wird ein Lärmschutzkonzept entwickelt, welches für eine ruhige Atmosphäre innerhalb des Quartiers sorgt.*

Besser:

✓ *Die Ausrichtung des Gebäuderiegels zur Hauptverkehrsachse dient als Lärmschutz und sorgt für ...*

Verwenden Sie nicht zu komplizierte Wörter, bringen Sie einfach und klar auf den Punkt, was Sie sagen möchten. Schreiben Sie so konkret wie möglich. Erinnern Sie sich auch noch einmal an die Ausführungen zur Fachsprache. Vermeiden Sie Nominalstil, da Ihr Text dadurch steif wirkt und schwerer zu verstehen sein kann.

Schreiben Sie Namen mit Vornamen bei erster Nennung immer aus. Bei dann folgenden Nennungen ist die Angabe mit abgekürztem Vornamen oder auch nur Nachnamen in Ordnung.

✓ *Der moderne Architekt Walter Gropius wurde zum Begründer des Bauhauses. ... Bis 1928 war Gropius Leiter des Bauhauses.*

Akademische Grade (Professor, Doktor) werden in der Regel in Fließtexten der besseren Lesbarkeit wegen nicht aufgeführt. Sollte die Nennung relevant sein, wird sie nur bei der ersten Nennung im Text angeführt. Bei Wiederholungen des Namens entfallen Titel ebenso wie Vornamen. Eine elegante Lösung kann auch sein, den

Titel als Information in den Fließtext einzubauen: … Horst Müller, Professor für XY an der Uni Z, …
Titel wie Diplom, Master, Bachelor werden nicht angegeben, sie sind keine Bestandteile des Namens.[12]

Schreibweisen:

Verwenden Sie zusammengehörende zwei- oder mehrteilige Konnektoren immer zusammen: Wo ein „einerseits" steht, muss ein „andererseits" folgen!

– einerseits …, andererseits …
– sowohl … als auch …
– nicht nur …, sondern auch …
– entweder … oder
– zum einen …, zum anderen …
– erstens …, zweitens …, drittens …
– sei es, dass … oder dass …

Vermeiden Sie unnötige Doppelungen (Pleonasmus: „der weiße Schimmel"): „wie z. B.", „wie etwa", „etwa beispielsweise". Verwenden Sie jeweils nur eine dieser Formulierungen, so haben Sie viel mehr Möglichkeiten zur Variation in Ihrem Text.

Grammatisches:

das/dass: Vergegenwärtigen Sie sich den Unterschied zwischen „das" (Relativpronomen) und „dass" (Konjunktion).[13]

✓ *Das Haus, das/welches an den Fluss grenzt, ist rot.*

✓ *Das Haus, das/welches an den Fluss grenzt, gefällt mir so gut, dass ich gern darin wohnen möchte.*

---

12 Es geht hier nicht um offizielle Anreden etwa in Briefen, sondern um den Fließtext; für ersteren Fall gibt es die DIN 5008 mit Schreib- und Gestaltungsregeln für Text- und Informationsverarbeitung; das ist tatsächlich eine DIN-Norm des Deutschen Instituts für Normung e. V., www.din.de/de/mitwirken/normenausschuesse/nia/veroeffentlichungen/wdc-beuth:din21:318422674 (Stand März 2021).
13 Eine ausführliche Erläuterung dazu finden Sie hier: www.duden.de/sprachwissen/sprachratgeber/das-oder-dass (Stand März 2021).

Übrigens: Wenn Sie an die Stelle des „das/dass" ein „welches" setzen könnten, dann handelt es sich um ein Relativpronomen – also ein „das" mit einem „s".

Es mag auch am Schreiben in den Social Media liegen: Schüler und Studierende haben sehr häufig Schwierigkeiten mit der Kongruenz bei der Satzbildung, das heißt, der korrekten Übereinstimmung zwischen Satzgliedern. Achten Sie darauf![14]

Subjekt und Prädikat eines Satzes müssen übereinstimmen. Steht das Subjekt im Singular, folgt das Prädikat ebenfalls im Singular. Heikel wird es bei Wörtern, die eine Gruppe von Menschen oder Dingen bezeichnen. Hier bestimmt die grammatische „Menge" den Numerus (also Singular oder Plural):

✓ *In der aktuellen Krise hilft (nicht: helfen) die Polizei bei Fragen (auch wenn es sich natürlich nicht nur um eine einzige Person im Polizeidienst handelt).*

✓ *Das Personal, das sich mit Krisenfällen auskennt (nicht: auskennen), gibt (nicht: geben) Auskunft.*

Ein besonderer Fall im Deutschen ist, dass auch Artikel flektiert, also gemeinsam mit dem Substantiv, das sie begleiten, in ihrer grammatischen Form verändert werden (in anderen Sprachen ist dies nicht der Fall).

✓ *Ich gehe in einen (nicht: ein) Supermarkt.*

dessen/deren: Hier wird zwischen Bezug auf maskuline, feminine und sächliche Substantive unterschieden:

✓ *Das Haus hat einen schönen Garten, dessen Pflege viel Mühe macht.*

✓ *Das Haus hat eine schöne Veranda, deren Pflege viel Mühe macht.*

---

14 Was ist Kongruenz? Schauen Sie einmal hier vorbei: www.duden.de/sprachwissen/sprachratgeber/Was-ist-Kongruenz (Stand März 2021).

✓ *Das Haus hat ein schönes Gemüsebeet, dessen Pflege viel Mühe macht.*

Ein Klassiker ist fast schon Bastian Sicks „Der Dativ ist dem Genitiv sein Tod". Wer sich auf unterhaltsame Weise ein wenig Sensibilisieren mag für die Feinheiten der Grammatik und die Fehler, die sich in der Umgangssprache eingeschlichen haben, sollte darin schmökern! Es gibt mittlerweile schon eine ganze Reihe von ihm.[15]

3.9 Zeichensetzung

Ja, auch die Zeichensetzung gehört zur Rechtschreibung und im Deutschen gibt es dafür in der Tat einige Regeln, wesentlich mehr als in vielen anderen Sprachen. Kommas werden nicht nach optischen Gesichtspunkten verteilt. Auch hier: Werfen Sie einen Blick in den Duden und widmen Sie ein paar Minuten dieser Lektüre. Auch digitale Orthografietrainer können hilfreich sein. Sie werden sich danach sicherer fühlen.[16]

– Vor Satzzeichen kommt keine Leerstelle!
– Haupt- und Nebensatz werden mit Komma getrennt. Nebensätze werden nicht (mehr) mit Komma getrennt – auch nicht vor „und", „oder", „sowie".
– Ein Komma wird gesetzt, wenn der anschließende Satz mit Subjekt und Prädikat vollständig ist.
– Einschübe können, müssen aber nicht mit Komma abgetrennt werden. Wichtig ist die Konsequenz – wird der Einschub mit Komma abgetrennt eingeleitet, muss er auch mit Komma abgeschlossen werden:

✓ *Der ehemalige, großzügige und herrschaftliche Wohnstil, mit Diensteneingang und Erkern, der durch die Umnutzung zu Gebäuden mit mehreren Wohnungen bereits verringert wurde,*

---

15 Online können Sie auf Bastian Sicks Website stöbern: www.bastiansick.de (Stand März 2021).
16 Auch zur Zeichensetzung hilft Ihnen der Duden weiter: www.duden.de/ sprachwissen/rechtschreibregeln (Stand März 2021).

verschwindet spätestens jetzt und weicht effizienteren, kleineren Wohnungsgrundrissen.

3.10 Formales: Rechtschreibung, Grammatik, Einheitlichkeit der Gestaltung

Zum Abschluss werfen wir noch einen Blick auf ein Thema, das eigentlich keiner Erwähnung bedürfen sollte. Dennoch ist leider oft genug zu beobachten, dass – nicht nur bei Studierendenarbeiten – gerade bei den formalen Fragen unsauber gearbeitet wird. Dazu gehört neben Rechtschreibung, Zeichensetzung und Grammatik auch die Einheitlichkeit der Gestaltung von Texten, Entwürfen und Präsentationen. Hierauf zu achten ist nicht nur ein Zeichen dafür, dass sorgfältig gearbeitet wird, sondern zeugt auch von Respekt gegenüber dem Leser und der Betrachterin:

Texte und Präsentationen, die von sprachlichen Fehlern durchzogen sind, schrecken ab und lassen eine schlechtere Erwartungshaltung entstehen von dem, was inhaltlich von dem vorliegenden Text zu erwarten ist – ein psychologischer Effekt, der sich leicht vermeiden lässt. Stellen Sie sich vor, Sie haben die Wahl zwischen zwei Restaurants – wo würden Sie lieber essen, in dem Haus mit dem aufgeräumten, sauberen Gastraum oder dort, wo schmutziges Geschirr und befleckte Tische überall herumstehen? Es wäre doch schade, wenn sich Leser wegen Äußerlichkeiten Ihrem „Restaurant" nur widerwillig und mit Vorbehalten nähern und Sie dadurch keine Chance bekommen, Ihr Können zu zeigen. Dies gilt übrigens nicht nur für die sprachlichen Formalia, sondern auch für die gesamte Gestaltung des Layouts.

Bevor Sie nun in Panik ausbrechen – Tipp- und Kommafehler kommen vor. Gerade wenn Sie auf eine Deadline hinarbeiten, rutscht das ein oder andere schon mal durch. Solche Fehler sind natürlich ärgerlich, aber vereinzelt auch kein Weltuntergang. Man wird Ihrem Text anmerken, ob es sich um Flüchtigkeitsfehler handelt oder ob generell nachlässig gearbeitet wurde.

Im professionellen Bereich gibt es für solche Situationen Korrektorat und Lektorat. Korrektoren korrigieren nur formal, Lektorinnen auch inhaltlich. Dennoch bedeutet ein Korrektorat etwa bei einem Buch durchaus mehr als „nur" Tippfehler zu beseitigen. Dazu gehört auch der Blick auf die Gestaltung: Sind die Überschriften richtig gesetzt? Stimmen die Kapitelzahlen? Sind die Seitenzahlen in Ordnung und stimmen sie mit dem Inhaltsverzeichnis überein? Für eine Abschlussarbeit können Sie sich durchaus überlegen, eine solche Unterstützung in Anspruch zu nehmen; hier müssen Sie aber mit der Prüfungsordnung klären, was an Ihrer Universität zulässig ist. Für Präsentationen und Seminararbeiten im Studium ist dies sicherlich ein Schritt zu viel. Sie sollten aber immer Ihre Texte von einer anderen Person gegenlesen lassen. Außerdem ist es sinnvoll, zeitliche Puffer vor Abgabe einzuplanen. Lassen Sie Ihren Text ein paar Tage liegen, denn mit etwas Abstand liest man noch einmal neu und mit anderem Blick. Wenn man zu lang an einem Text sitzt, wird man „betriebsblind", das geht jedem Schreibenden so. Und nicht zuletzt gilt: Wenn Sie sich mit Rechtschreibung und Zeichensetzung unsicher fühlen, schauen Sie bewusst immer wieder in den Duden und widmen Sie ein paar Stunden Ihrer Zeit entsprechenden Büchern und Websites, um Unsicherheiten zu beseitigen. Mit etwas Übung und Training bekommen Sie auch hier Routine.

Weiterhin ist es wichtig, auf Einheitlichkeit in der Gestaltung zu achten. Dies bedeutet zum einen, dass sprachliche Besonderheiten konsequent durchgezogen werden, etwa bei der Schreibweise von Eigennamen (Straßen, Gebäude, Plätze, Personen etc.). Ist es der Richard-Wagner-Platz oder der Richard Wagner Platz? Das kann sich von Stadt zu Stadt unterscheiden. Machen Sie sich schlau und achten Sie darauf, immer die gleiche Version zu verwenden. Auch Varianten in der Rechtschreibung gehören hierher: Fotografie oder Photographie (und entsprechend auch alle anderen -grafien/-graphien, die in Ihrem Text vorkommen mögen. Übrigens: Fotographie oder Photografie sind falsch)? Schreiben Sie Maßangaben aus oder kürzen Sie diese ab? Wichtig ist: Wählen Sie eine Version und behalten Sie sie durchgehend bei.

Zum anderen bedeutet Einheitlichkeit der Gestaltung auch, die äußere Form Ihres Textes bzw. Layouts konsequent durchzuhalten, so wie Sie es in einem zeichnerischen Entwurf auch tun. Entscheiden Sie sich für eine Version und wechseln Sie nicht zwischen verschiedenen Varianten innerhalb einer Arbeit: Block- oder Flattersatz? Welche Schriftart, welche Schriftgröße? Falls Sie Überschriften und Textkorpus unterschiedlich gestalten: Setzen Sie immer die gleiche Schriftgröße für die gleiche Textposition ein. Was wird unterstrichen, was kursiviert oder gesperrt? In umfangreicheren Arbeiten achten Sie auch auf die Art der Zählung von Kapiteln, numerisch oder mit Buchstaben, römisch oder arabisch (z.B.: Kapitel 1, Unterkapitel 1.1, 1.2., 1.2.1 ...; Kapitel I, Unterkapitel I.1, I.2, I.2.1 ...; Kapitel A, Unterkapitel A.1, A.1, A.2, ...). Hier gibt es kein Besser oder Schlechter. Wichtig ist Ihre Präferenz, und dass diese dann logisch und nachvollziehbar durchgehalten wird. Denken Sie wieder daran: Die Lesenden/Betrachtenden sollen sich einfach in Ihrem Text zurechtfinden können.

Und: Falls Sie von Ihren Betreuern formale Vorgaben erhalten haben, dann halten Sie sich natürlich an diese. Sehen Sie dies nicht als Einschränkung Ihrer Kreativität, sondern als Hilfe – diese gestalterischen Entscheidungen müssen Sie nicht mehr treffen und haben somit Kapazitäten für anderes frei. Das ist auch eine gute Vorbereitung für Ihre Berufstätigkeit, in der Ihnen wohl im seltensten Falle komplette gestalterische Freiheit zugestanden werden wird. Vielmehr ist es eine besondere Herausforderung, sich im Rahmen von Vorgaben individuell zu bewegen.

3.11 Formales: Die optische Gestaltung

In der Regel gelingt es Architekturstudierenden gut, Projektentwürfe kreativ und ansprechend zu gestalten. Die Arbeit mit Grafikprogrammen gehört zum täglichen Brot und fällt den meisten – mit etwas Übung – leicht, denn Kreativität ist Grundlage Ihres künftigen Berufs, dafür werden Sie im Studium ausgebildet. Achten Sie darauf, dass Sie in Ihren Präsentationen – gedruckten ebenso wie mit PowerPoint erstellten – das Wort gleichrangig mit allen anderen Elementen der Darstellung behandeln. Bild, Modell, Zeichnung, Text (Bildunterschrift, Erklärung, Titel, Ihre Namen!), sie alle gehen

Hand in Hand und ergeben das Ganze Ihres Entwurfs. Jedes Element hat seine Berechtigung und vermittelt eine bestimmte Information, die ein anderes Element nicht vermitteln kann. Achten Sie auf konsequente, einheitliche Darstellung. Sorgfältige Arbeit ist ein Zeichen von Souveränität und Professionalität. Sie zeigen dem Betrachtenden: Ich habe meine Fähigkeiten im Griff, ich kann mit meinem Handwerkszeug umgehen.

Auch hier gilt: Wenn Sie konkrete Vorgaben zum Layout haben, halten Sie sich selbstverständlich daran. Bedenken Sie auch, dass die Vorgaben Gründe haben – auch wenn Sie durchaus visuell bessere Darstellungsmöglichkeiten sehen. In der Regel begutachten Ihre Dozenten sehr viele Arbeiten. Einheitlichkeit in der Gestaltung erleichtert Ihnen die Arbeit und ermöglicht, Ihre Leistung besser zu erkennen.

Mit dem Blick auf Ihre Zukunft wiederum gilt, wie schon gesagt: Es ist durchaus in Ordnung und kann von Vorteil sein, optisch über den gewohnten Rahmen hinauszugehen. Dazu müssen Sie diesen Rahmen und die Regeln, die ihn bestimmen, aber kennen! Man wird Ihrem Projekt anmerken, ob der Regelbruch aus Nachlässigkeit oder bewusst geschehen ist. Generell gilt: Um den Rahmen zu sprengen, muss man ihn kennen. Dann aber erlaubt er ein kreatives und bewusstes Spiel mit seinen Möglichkeiten – sprachlichen ebenso wie zeichnerischen, gestalterischen, konzeptuellen.

Tipp

Übrigens: Vergessen Sie die Bildbeschriftungen nicht!

Ein paar typische formale Fehler (die ich zur Verdeutlichung falsch eingebaut habe):

- Doppelte Leerstellen (Dies lässt sich leicht per Suchlauf korrigieren!)
- Keine Leerstelle vorm Komma , sondern danach

- Klammern werden direkt vor und nach dem (eingeklammerten Wort) gesetzt, Punkte am Ende ebenso ohne Leerstelle direkt hinter dem letzten Buchstaben des Satzes .
- Achtung auch bei Groß- und Kleinschreibung: Nur Substantive und substantivierte Wörter werden großgeschrieben, nicht etwa ihre begleitenden Attribute: das Große Haus, der Grüne Baum (richtig: das große Haus, der grüne Baum)
- Noch einmal Großschreibung bei Zeichensetzung: Beginnt nach einem Doppelpunkt ein neuer Satz, wird groß begonnen, folgt nur ein Nebensatz, wird klein weitergeschrieben.
- Nach Strichpunkten wird klein weitergeschrieben; es beginnt ein neuer Satz, der beigeordnet ist.
- Es gibt Gedankenstriche und Bindestriche: Ein Gedankenstrich ist länger und steht frei zwischen zwei Wörtern – vor und nach ihm stehen Leerzeichen. Der Bindestrich steht innerhalb eines Wortes und ist kurz: Anne-Marie.
- Abkürzungen mehrerer Wörter werden mit fester Leerstelle geschrieben: d. h., z. B.
- Im Deutschen werden die „Gänsefüßchen" als Anführungs- (unten) und Schlusszeichen (oben) gesetzt: „" (in anderen Sprachen ist dies anders). Sie werden immer doppelt verwendet, bei Zitaten, wörtlicher Rede etc. ebenso wie bei Hervorhebung einzelner Ausdrücke. Häufig sieht man (nicht nur) in studentischen Texten, dass mit ‚' variiert wird; dies stimmt so nicht, „" und ‚' sind keine Varianten, die beliebig vertauscht werden können. Einfache Anführungszeichen werden nur innerhalb eines Zitats gesetzt, wenn etwas hervorgehoben werden soll:

✓ *„Das ist ein Zitat und ‚das hier' soll hervorgehoben werden."*

Gendern:

Ein weiterer Punkt, der in den letzten Jahren an Bedeutung gewonnen hat, ist das Gendern, also die genderneutrale Gestaltung unserer Sprache. Hier gibt es noch keine einheitliche amtliche Vorgaben, sondern mehrere Möglichkeiten, wie formuliert werden kann, etwa:

- Architekt_innen
- Architekt*innen
- ArchitektInnen
- Architekt:innen
- Architekten und Architektinnen
- Gerundiv-Formen: Studierende statt Studenten und Studentinnen
- Wechsel zwischen maskulinen und femininen Formen, die anderen Geschlechter sind jeweils mitgemeint (wie es etwa Die Zeit pflegt; diese Variante wende ich auch in diesem Buch an).

Hier ist wichtig, dass Sie sich für eine Variante entscheiden und diese dann konsequent beibehalten. Auch der Blick auf den Lesefluss ist berechtigt; es gibt kreative Lösungen, die die Verständlichkeit Ihrer Texte nicht beeinträchtigen. Sensibilisieren Sie sich für die Problematik, halten Sie die Augen offen, wie andere dies handhaben. Zudem hat sicher auch Ihre Hochschule Richtlinien zum Gendern entwickelt, die Ihnen bei der sprachlichen Orientierung helfen können.[17]

---

17 Unter www.geschicktgendern.de (Stand März 2021) gibt es ein wachsendes Wörterbuch für gendergerechte Begriffe. Helfen können Ihnen auch diese Publikationen: Gabriele Diewald, Anja Steinhauer, Gendern – Ganz einfach!, Berlin 2019; Gabriele Diewald, Anja Steinhauer, Handbuch geschlechtergerechte Sprache, Berlin 2020.

4 Wissenschaftliches Arbeiten

Noch nicht thematisiert wurde bislang das wissenschaftliche Arbeiten und Forschen, wie es im akademischen Betrieb üblich ist. Zwar ist das Architekturstudium, wie viele kreative Studiengänge, in dieser Hinsicht ein Sonderfall, da Forschung im klassischen Sinne nicht vordergründiges Studienziel ist. Lassen Sie sich davon jedoch nicht täuschen, denn wissenschaftlich arbeiten müssen auch Architekturstudierende. Zwar besteht, im Gegensatz etwa zu Biologinnen oder Historikern, Ihre Kernarbeit nicht im Erforschen theoretischer Fragestellungen durch Quellenarbeit oder Laborexperimente und deren Verschriftlichung. Auch ist es in der Architektur nicht üblich, sich mit Forschung und dem Publizieren der Ergebnisse hervorzutun. Damit entfällt auch der „Publikationsdruck" vieler Disziplinen. Warum aber auch in der Architektur Forschung wichtig und relevant ist, darauf kommen wir beim Thema Promotion noch einmal zurück.

Die Versprachlichung von Ideen gehört jedoch auch in der Architektur unzweifelhaft zum täglichen Brot, wie wir schon festgestellt haben. Neben architektonischen Konzepterläuterungen werden im Studium schon vor den Abschlussarbeiten Hausarbeiten verlangt. In Fächern wie Architekturgeschichte und -theorie oder für urbane Analysen kann Recherche- und Quellenarbeit nötig werden. Stellen Sie sich vor, Sie wollen eine bauliche Ergänzung für eine mittelalterliche Platzanlage entwickeln und müssen sich dafür in die Geschichte des Bestands einarbeiten. Was wurde hier gebaut und warum? Will man in die Zukunft planen, muss man die Vergangenheit mitdenken. Dieser Ansatz führt Sie bisweilen in Archive und Bibliotheken, altes Bildmaterial kann ebenso zum Einsatz kommen wie originale Texte über die Entwicklung des Platzes. All dies bedeutet wissenschaftliches Arbeiten mit bestimmten Methoden und nach korrekten Standards. Viele Architekturstudierende schüchtert es eher ein, weil dies im eigenen Studium nicht so regelmäßig angewendet wird wie in „Forschungsstudiengängen". Kein Wunder, denn was man nicht regelmäßig praktiziert, geht nicht so leicht in Fleisch und Blut über. Aber: Auch das wissenschaftliche Arbeiten ist keine Gabe, sondern kann erlernt werden. Wichtig ist, die Grundlagen zu kennen und zu wissen, wo man im Fall der Fälle die nötigen Informationen nachschlagen kann, wenn man sich an konkrete Details nicht mehr erinnert.

Niemand forscht im luftleeren Raum. Ein fundamentaler Bestandteil des akademischen Arbeitens, gleich in welcher Intensität und in welchem Umfang es betrieben wird, ist die Auseinandersetzung mit schon vorhandenem Wissen und Informationen. Forschen bedeutet – ebenso wie Entwerfen – sich in einem Kontext zu bewegen und einzufügen. Damit verfügt man zum einen über Wissen, mit dem man weiter arbeiten kann. Man muss das Rad nicht neu erfinden, sich nicht alles von Null erarbeiten. Sie reagieren in Ihrer Arbeit auf andere und entwickeln Vorhandenes weiter, indem sie kommentieren, kritisieren, überdenken, verwerfen, fortschreiben, konkretisieren, erweitern, … Im Idealfall „triggern" gelesene Informationen eigene Gedanken.

Daher ist es fundamental, nachvollziehbar zu machen, woher Informationen stammen. So wie Sie sich für Ihren Text mit vorhandenem Material beschäftigt haben, wird sich ein Leser, eine Leserin mit Ihrem Text beschäftigen. Er wird überprüfen, kommentieren, kritisieren, reagieren wollen. Sie wird wissen wollen, welche Informationen woher stammen, wird vielleicht nachlesen und die Informationen vertiefen wollen (Stichwort: Wiederfindbarkeit). Übrigens ist dies auch eine Fähigkeit des kritischen Denkens, die in Zeiten von Fake News wichtiger denn je ist: Woher stammen Informationen? Wer ist der Autor, in welchem Rahmen und zu welchem Anlass, mit welcher Motivation wurde ein Text publiziert? Was kann ich von dieser Quelle halten?

Interessieren wird Ihre Leser zudem, welche Informationen von Ihnen stammen, welches Ihre eigenen Denkleistungen sind. Denn darum geht es schließlich auch: Sie haben einen Beitrag zur Forschung geleistet, ganz gleich in welchem Umfang. Sie haben nicht nur Informationen zusammengetragen und gesammelt, Sie haben sich auch kritisch damit auseinandergesetzt und eine eigene Position zu Ihrem Thema entwickelt. Zitate sind dazu da, dies zu zeigen – hier habe ich zitiert, das ist meine Grundlage und hier habe ich meine eigene Sicht der Dinge entwickelt. Zudem sichern Sie sich damit auch ab, wenn andere Fehler gemacht haben sollten. Und zu guter Letzt ist es auch eine Frage des respektvollen Umgangs mit Kollegen und deren Gedankengut und Ideen, die sie nicht einfach unkommentiert übernehmen sollten – ganz gleich in welcher Form, ob Text oder Bild.

4.1 Wissenschaftliches Arbeiten – *in a nutshell*

Fassen wir das Wesentliche noch einmal zusammen: Als wissenschaftliches Arbeiten bezeichnen wir eine Arbeitsweise, die im akademischen Bereich, im Studium ebenso wie bei künftigen Forschungstätigkeiten, eingesetzt wird. Es geht darum, sich kritisch mit einem Thema oder einer Fragestellung auseinanderzusetzen in einer Art und Weise, die Ihr Vorgehen und Ihre Ergebnisse für andere nachvollziehbar werden lässt.

Dazu brauchen Sie zum einen Quellen, aus denen Sie Ihre Informationen beziehen. Zum anderen brauchen Sie dazu Methoden, mit denen Sie ihre gewonnenen Erkenntnisse und Beobachtungen nachvollziehbar wiedergeben können. Eine Leserin oder ein Zuhörer muss rekonstruieren können, woher Sie eine Information bezogen haben. Sie tun dies mit Zitatangaben und Verweisen nach bestimmten Regeln in Fußnoten. Im Englischen sagt man zum wissenschaftlichen Arbeiten auch „writing from sources", was den Sachverhalt gut auf den Punkt bringt. Dies mag trocken und anstrengend klingen, es hat jedoch sehr triftige und sinnvolle Gründe. Um quellenbasiert (= writing from sources) schreiben zu können müssen Sie Folgendes beherrschen: Wie recherchiert man? Was sind Quellen? Wie zitiert man?

4.2 Wie recherchiert man? Die Quellen

Um wissenschaftlich arbeiten zu können brauchen Sie Material, um Ihr Thema, Ihre Fragestellung zu bearbeiten. Man spricht von (sekundären) Quellen und meint in der Regel Fachliteratur, aus der Sie Informationen beziehen. Primäre Quellen sind im historischen Kontext originale Schriftstücke wie etwa Urkunden, Briefe, Tagebücher, Reiseberichte. Für Architekturstudierende können noch Pläne, Fotografien und Bildmaterial hinzukommen. Auch sie sind fremdes geistiges Eigentum, das bei Verwendung nachvollziehbar sein muss. Dasselbe gilt auch bei Präsentationen. Denken Sie daran, fremdes Bildmaterial kenntlich zu machen.

Im Grunde bedeutet Quellen-Recherche in erster Linie: Literatur-Recherche. Dies geschieht heute hauptsächlich digital mit Online-Bibliothekskatalogen und -datenbanken. Zur Recherche können verschiedene Vorgehensweisen angewendet werden. Sie können mit Hilfe von Suchbegriffen durch den Bibliothekskatalog (OPAC) stöbern, Sie können ausgehen von bekannter Fachliteratur, die Sie im Seminar erhalten haben, und dort über Fußnoten und Literaturverzeichnisse gezielt Titel suchen („Schneeball-Suche"), Sie können mit Schlagwörtern und Stichwörtern in Fachdatenbanken und Bibliografien recherchieren. Wie dies funktioniert, auch dazu gibt es ausreichend Hilfsliteratur, in die Sie sich bei Bedarf einarbeiten können. Online findet man ebenfalls gute Hilfe. Sinnvoll ist sicherlich auch die Teilnahme an Einführungsveranstaltungen Ihrer Bibliotheken vor Ort, auch wenn diese fachlich nicht speziell auf Sie ausgerichtet sein mögen. Für den alltäglichen Gebrauch im Architekturstudium sollte Ihnen eine allgemeine Recherchetechnik genügen.

Auf zwei grundlegende Dinge sollten Sie bei jeder Art von Recherche achten:

1. Das **Publikationsdatum:** In älteren Texten sind aktuelle Entwicklungen zu Ihrem Thema natürlich nicht berücksichtigt.
2. Der **Urheber einer Information:** Prüfen Sie insbesondere auch bei Quellen, die Sie im Internet finden: Wer schreibt hier, aus welchem Anlass und mit welcher Motivation? Für welches Zielpublikum?

Auswertung der Recherchen

Die größte Schwierigkeit für Einsteiger dürfte neben der Menge an Suchmöglichkeiten vor allem die Fülle an möglichen Treffern zu einem Suchbegriff sein. Sie müssen die Ergebnisse filtern und beurteilen, welche Bücher für Ihre Fragestellung von Interesse sein könnten. Vorweg: Auch dies wird mit Erfahrung und Routine einfacher.

Haben Sie Literatur gefunden, die Ihnen vielversprechend erscheint, lesen Sie diese auf Ihre Fragestellung hin und werten sie aus. In der sinnvollen und kritischen Auswahl, Verarbeitung und

Auswertung von Informationen besteht letztendlich, wie wir schon gesehen haben, ein ganz grundlegender Teil der Forschungsarbeit. Auch dafür gibt es eine ganze Reihe hilfreicher Techniken, die in entsprechenden Ratgebern vorgestellt werden. Hier stelle ich Ihnen die wichtigsten vor.

Fachliteratur „lesen"

Tatsächlich lesen Sie in diesem Stadium der Recherche die gefundenen Fachbücher zu Ihrem Thema nicht, zumindest nicht im Sinne eines Wort für Wort und Satz für Satz-Lesens. Stattdessen untersuchen Sie sie auf Ihre Zwecke hin: Um was für eine Art der Publikation handelt es sich? Von wann stammt sie, wer ist der Autor? Lässt sich ein Publikationszweck feststellen? Was steht im Inhaltsverzeichnis, umreißen bestimmte Kapiteltitel Ihre Fragestellung? Überfliegen Sie die Einleitung und den Schluss, lesen Sie gegebenenfalls Kapitel quer, die Ihr Thema beleuchten – skimmen und scannen nennen sich diese Lesestrategien. Finden Sie hier Stichwörter, die vielversprechend erscheinen? Es geht darum, sich einen strukturierten Überblick über die Informationen, die Ihnen vorliegen, zu verschaffen. An diesem Punkt der Recherche ist es normal, Fachbücher punktuell zu lesen. So arbeiten Sie sich Schritt für Schritt in Ihre Materie ein. Wo stehen welche Informationen, was fehlt, wo lohnt es sich Zeit und Konzentration in die Lektüre zu investieren? Diese Art des Arbeitens behalten Sie während der gesamten wissenschaftlichen Arbeitsphase bei und wenden sie immer wieder von Neuem an.

Wenn Sie nun die Textstellen gefunden haben, die Ihnen inhaltlich vielversprechend scheinen, beginnen Sie mit dem gründlichen Lesen. Nehmen Sie einen Stift in die Hand, dieser kann je nach Format natürlich auch digital sein, markieren Sie sich wichtige Stellen, schreiben Sie sich Stichpunkte heraus, unterstreichen und highlighten Sie – natürlich nur in Ihren eigenen Büchern. Bei geliehenen Exemplaren können Sie entsprechende Seiten kopieren, scannen oder auch abfotografieren, um sie weiterzubearbeiten.

Fertigen Sie Exzerpte an. Exzerpte sind inhaltliche Zusammenfassungen wichtiger Informationen eines Textes: Notieren Sie sich in eigenen Worten die zentralen Aussagen des Gelesenen. Das kann ebenso für ein ganzes Buch wie für einen Absatz oder ein Kapitel gelten – exzerpieren Sie den Text(auszug), der für Ihre Recherchen relevant ist. Sie können auch paraphrasieren oder direkt zitieren, wenn Sie dies kenntlich machen. Solche Exzerpte helfen Ihnen, die Übersicht darüber zu behalten, was Sie wo gelesen haben. Zudem können Sie auf dieser Basis Ihre eigene Arbeit zusammenstellen und weiterentwickeln.

Tipp

Halten Sie immer Notizpapier oder ein digitales Äquivalent bereit, wenn Sie Ihre Literatur auswerten. Egal was Ihnen ein- oder auffällt, notieren Sie es. Kreuz und quer, durcheinander, wie Sie mögen. Die besten Einfälle kommen oft überraschend. Ganz wichtig ist außerdem: Notieren Sie sich immer auch, woher Ideen und Inhalte stammen, etwa in einem Kürzel für das jeweilige Buch und der entsprechenden Seitenzahl. So können Sie später problemlos Ideen und Informationen wiederfinden.

Publikationsarten

Bei der Recherche werden Sie feststellen, dass es eine Vielzahl von unterschiedlichen Publikationsarten gibt. Sich dessen bewusst zu sein ist insbesondere relevant für die Art der Literaturangabe bei Zitaten. Die wichtigsten Arten von Fachpublikationen sind:

— Monografie: Ein in sich geschlossenes Werk, das eine bestimmte Fragestellung vollständig abhandelt. Man spricht auch von selbstständiger Literatur, das heißt, ein Buch ist inhaltlich und formal in sich abgeschlossen.
— Schriftenreihe: Eine Serie von Bänden, deren Teile in sich geschlossen sind und in unregelmäßigen Abständen erscheinen. So ist etwa das Buch, das Sie gerade in den Händen halten, inhaltlich in sich geschlossen und dabei Teil der Reihe „Schreiben im Studium".
— Sammelband: Ein in sich geschlossenes Werk – es gibt keine Fortsetzungen – mit Aufsätzen/Beiträgen (meist) mehrerer Autoren, die jeweils eigene Fragestellungen unter einem Ober-

thema behandeln. Aufsatzbände, Tagungsbände, Festschriften gehören auch hierzu. Man spricht hier auch von unselbständiger Literatur, da die einzelnen Textbeiträge Teil einer übergeordneten Sammlung sind.

– Periodika: Zeitschrift, Journal, Zeitung, Magazin etc., Werke, die fortlaufend entstehen. In ihnen finden Sie in sich geschlossene Beiträge verschiedener Autoren (= unselbständige Literatur).

– Online-Texte: Viele Aufsätze, Zeitschriften, Zeitungen etc. sind mittlerweile auch digital verfügbar. Sie können sie selbstverständlich auch in dieser Form lesen und als Quelle verwenden. Statt der gedruckten Publikation wird dann der Link als Ursprungsort angegeben. Auch stehen viele Abbildungen, Pläne, Fotografien in digitalen Archiven zur Verfügung; achten Sie dabei gegebenenfalls auf die individuellen Angaben zur Weiterverwendung des jeweiligen Instituts.

Schwieriger wird es bei „rein digitalen" Texten, also Texten, deren erste und einzige Publikationsform das WWW ist, z. B. in digitalen Magazinen, auf Blogs, in Foren. Hier müssen Sie die Quelle besonders aufmerksam prüfen. Wer schreibt für wen, mit welchem Ziel? Natürlich gibt es akademische E-Journale, die publikationswürdig sind, und auch Blogs können seriös sein – allzu oft sind sie jedoch ein persönliches Sprachrohr und damit als wissenschaftliche Referenz ungeeignet. Übrigens wird generell auch Wikipedia nicht als seriöse Quelle gewertet und ist nicht zitierwürdig, auch wenn viele Artikel dort von guter Qualität und geeignet sind, um sich zum Einstieg über bestimmte Themen zu informieren.

4.3 Aber jetzt: Wie zitiert man?

Sie haben Literatur recherchiert, bearbeitet und viele Informationen erhalten. Nun möchten Sie das Gelesene in Ihrem eigenen Text wiedergeben, also zitieren. Dieser Begriff wird im studentischen Sprachgebrauch meist pauschal verwendet für die Verarbeitung von Literaturreferenzen im eigenen Text. Streng genommen handelt es sich beim Zitieren aber um zwei Schritte, die Sie immer befolgen müssen: Sie übernehmen Inhalte direkt oder indirekt aus einem fremden Text – das ist das Zitat – und Sie weisen die Herkunft dieser Übernahme nachvollziehbar nach – das ist die Literaturangabe, der Beleg.

Direktes Zitat

Hier werden Textstellen wörtlich und genau so übernommen, wie sie in der Vorlage stehen, mit allen Schreibweisen, Zeichensetzung und auch möglichen Schreibfehlern. Sie werden in Anführungszeichen „...“ gesetzt. Hinter das Schlusszeichen wird eine hochgestellte Ziffer gesetzt, die auf die zugehörige Fußnote mit der Literaturangabe verweist.

Wichtig: Achten Sie darauf, nicht einfach wörtliche Zitate anzuhäufen. Häufig passiert dies gerade Studienanfängern, wenn sie noch unsicher sind, was wie übernommen werden darf, oder wenn nicht genau verstanden wurde, worum es in einem Text geht. Dann neigt man dazu, zu viel fremde wörtliche Zitate zu übernehmen, während der eigene Anteil im Text untergeht. Fragen Sie sich vor einem Zitat also immer: Ist die sprachliche Formulierung in dieser Form relevant oder könnte ich das nicht auch anders, eigen formulieren?

Es ist darüber hinaus auch möglich, nur Formulierungen oder Satzbestandteile wörtlich zu übernehmen und in einen eigenen Satz zu integrieren. Die übernommenen Textstellen werden natürlich ebenso mit Anführungszeichen kenntlich gemacht.

Weitere wichtige Regeln für das direkte Zitieren (die verwendeten Beispielsätze stammen von der Website der Bundesstiftung Baukultur[18]):

Wenn Sie etwas aus einem vorliegenden Zitat kürzen wollen, ersetzen Sie die ausgelassene Stelle mit [...].

---

18 Bundestiftung Baukultur, Baukulturberichte, online unter: www.bundesstiftung-baukultur.de/ueber-die-baukulturberichte (Stand März 2021).

Original:

! *Der alle zwei Jahre erscheinende Baukulturbericht ist das wichtigste Medium der Bundesstiftung Baukultur und als offizieller Statusbericht zum Planen und Bauen in Deutschland zugleich ein politisches Instrument.*

Zitat:

√ *„Der alle zwei Jahre erscheinende Baukulturbericht ist das wichtigste Medium der Bundesstiftung Baukultur und [...] ein politisches Instrument."[Zitatziffer]*

In der Fußzeile:

√ *[Zitatziffer]* Quellenangabe.

Zitieren Sie einen ganzen Satz, dann kommt ein Punkt vor das Schlusszeichen. Zitieren Sie nur einen Teil eines Satzes und integrieren ihn in einen eigenen Satz, dann wird der Punkt hinter das „" gesetzt: Die Ziffer für die Fußnotenreferenz wird jeweils hinter das Schlusszeichen gesetzt.

Wenn in der zitierten Stelle im Original bereits „" verwendet werden, so setzen Sie in Ihrem Zitat an dieser Stelle ‚'.

Original:

! *Der Baukulturbericht 2020/21 „Öffentliche Räume" befasst sich schwerpunktmäßig mit der Bedeutung und den Potentialen dieser Räume.[19]*

Zitat:

√ *„Der Baukulturbericht 2020/21 ‚Öffentliche Räume' befasst sich schwerpunktmäßig mit der Bedeutung und den Potentialen[!] dieser Räume."[Zitatziffer]*

---

19 Bundesstiftung Baukultur, Baukulturbericht 2020/21. Öffentliche Räume, online unter: www.bundesstiftung-baukultur.de/baukulturbericht-2020_21 (Stand März 2021).

In der Fußzeile:

✓   *Zitatziffer Quellenangabe.*

Wenn in einem Zitat ein Schreibfehler steht, wird dieser ebenfalls übernommen. Sie zeigen durch ein [!] oder auch [sic!] (= lateinisch „so") hinter dem Fehler an, dass Sie diesen aus dem Originaltext übernommen haben. Auch die alte Rechtschreibung dürfen Sie im Zitat nicht „korrigieren".

Wollen Sie ein Teil-Zitat in einen eigenen Satz integrieren, dürfen Sie es grammatikalisch anpassen. Die Änderungen müssen durch eckige Klammern [...] markiert werden.

✓   *Die Bundesstiftung Baukultur bezeichnet ihren alle zwei Jahre erscheinenden Baukulturbericht „als offizielle[n] Statusbericht zum Planen und Bauen in Deutschland"Zitatziffer.*

In der Fußzeile:

✓   *Zitatziffer Quellenangabe.*

Ebenfalls unverändert übernommen werden Hervorhebungen im Original (fett gedruckt, kursiviert, unterstrichen). Dies machen Sie direkt hinter der hervorgehobenen Stelle kenntlich durch ein [Herv. im Original].
Sollten Sie selbst im Zitat etwas hervorheben wollen, markieren Sie dies mit [Herv. d. Verf.].

Original:

!   Dies ist *ein Beispielsatz*, in dem mit **verschiedenen Hervorhebungen** gearbeitet wird, etwa mit Kursivierung oder Fettdruck.

Zitat:

✓   „Dies ist *ein Beispielsatz* [Herv. im Original], in dem mit **verschiedenen Hervorhebungen** [Herv. im Original] gearbeitet wird, etwa mit Kursivierung oder Fettdruck [Herv. d. Verf.]."Zitatziffer

In der Fußzeile:

✓ *Zitatziffer* *Quellenangabe.*

Übrigens: Nicht nachweisen muss man fachliches Grundlagenwissen (zur Orientierung: Wissen, das im Grundstudium erworben wird) sowie Faktenwissen, das man etwa in Lexika oder im Duden findet.

Indirektes Zitat, Paraphrase

In einem indirekten Zitat geben Sie fremde Inhalte mit eigenen Worten wieder. Ein solches sinngemäßes Zitat nennt man auch Paraphrase, es ist eine Umformulierung. Für indirekte Zitate müssen Sie keine Anführungszeichen „" verwenden, jedoch geben Sie auch am Ende der Paraphrase in einem Verweis an, woher die ursprünglichen Informationen stammen. In der Fußnote zeigen Sie dies in der Regel mit einem „vgl." oder „s." vor der jeweiligen Literaturangabe. Hilfreich sind auch Formulierungen, die auf die Autoren verweisen: Autor X äußert sich zu diesem Sachverhalt in der und der Weise, Fußnote 1: Literaturangabe zu Autor X, während Autorin Y den Standpunkt vertritt, dass der Sachverhalt ganz anders gelagert ist. Fußnote 2: Literaturangabe zu Autorin Y

Manchmal finden sich ähnliche Inhalte bei mehreren Autorinnen; auch dies können Sie in der Fußnote angeben, zum Beispiel mit einer Formulierung wie „s. auch …", „vgl. auch …", „in ähnlicher Weise auch …". Bedenken Sie auch hier: Arbeiten Sie mit Blick auf Ihre Leserschaft und machen Sie ihr den Zugang zu Ihren Gedanken so einfach und logisch nachvollziehbar wie möglich.

Generell gilt: Arbeiten Sie bewusst mit Zitaten, aber schreiben Sie nicht einfach ab. Damit ist nicht nur gemeint, dass Sie fremde Gedanken ungekennzeichnet übernehmen – das ist ein Plagiat und kann sogar strafbar sein; Sie erinnern sich an die Plagiatsaffären um diverse Politiker und Politikerinnen. Nicht abzuschreiben bedeutet auch, dass Sie Ihren Text nicht nur aus direkten und indirekten Zitaten zusammenbauen. Vor allem am Anfang machen Studierende dies oft aus Unsicherheit und Überforderung, mit so vielen Informationen umzugehen. Man nennt dies auch Patchwriting. Architekturstudierende kommen in der Regel weniger oft in die Situation, umfangreiche wissenschaftliche Texte zu erstellen. Aber gerade weil

Sie selten Hausarbeiten schreiben, können Sie hier Gefahr laufen. Mit der Zeit wachsen auch hier Übung und Routine. Sie gewinnen Sicherheit im Umgang mit fremden Informationen. Trauen Sie sich, eigene Sichtweisen zu formulieren!

4.4 Wie belegt man Zitate? Die Literaturangabe

Es gibt zwei verschiedene Formate, wie Literaturangaben gemacht werden können: eine deutsche und eine amerikanische Version. Im Wesentlichen unterscheiden sie sich darin, wo der Literaturhinweis genannt wird, in einer Fußnote unter dem Text oder in Klammern direkt hinter dem Zitat im Fließtext. Die eine Version ist in den (deutschen) Geisteswissenschaften üblicher, die andere in den (deutschen ebenso wie den internationalen) Naturwissenschaften. In der Architektur wird meist die geisteswissenschaftliche Variante gepflegt, daher fokussieren wir uns darauf; zudem ist es auch für den Lesefluss angenehmer, wenn ein Text nicht durch Einschübe unterbrochen wird. Machen Sie sich hier schlau, welches Format an Ihrer Fakultät üblich ist! Die Grundlagen an sich, wie eine literarische Quelle anzugeben ist und welche Informationen genannt werden müssen, unterscheiden sich nicht gravierend. Beide Systeme haben ihre Vor- und Nachteile. Wichtig ist, in einem Text durchgängig und konsequent bei der einmal gewählten Methode zu bleiben und die Angaben so zu gestalten, dass sie sich einwandfrei nachvollziehen lassen.

Grundsätzlich gilt also: Sie haben etwas zitiert, einen Gedanken aus einer Quelle direkt oder indirekt übernommen und weisen dies so nach, dass der Leser problemlos nachvollziehen kann, wo er die Information gegebenenfalls selbst finden kann. Dazu geben Sie zum einen die Quelle an, in der Regel ein Buch, und zum anderen, wo genau in diesem Buch sich das Zitat findet, also die Seitenzahl.

Das ist auch schon das ganze Geheimnis der Literaturangabe: Buchtitel und Seitenangabe.

Tipp 1

Nutzen Sie die Fußnotenfunktion Ihres Textverarbeitungspro- grammms. Damit lassen sich bequem fortlaufende Fußnoten erstellen. Jeder Beleg wird neu gezählt! Und: Auch wenn ein Zitat aus einem schon einmal genannten Buch stammt, wird die Fußnote neu gesetzt und fortlaufend weitergezählt!

Tipp 2

Man kann Fuß- und Endnoten setzen. Fußnoten stehen auf jeder Seite unterhalb des Fließtextes, Endnoten am Ende eines Textes. Sie können beide über die Fußnotenfunktion Ihres Textverarbeitungs- programms einfügen. In der inhaltlichen Bearbeitung unterscheiden sich Fuß- und Endnoten nicht.

Es gibt schematisierte Formen, wie Literatur anzugeben ist. Sie er- innern sich an die verschiedenen Typen von Publikationen? Auf die- sen basieren die nun folgenden Informationen zur Literaturangabe.

Tatsächlich gibt es hier keine einheitliche Variante in der Dar- stellung. Titel können kursiv gesetzt werden oder nicht, Namens- auflistungen mit Komma getrennt oder mit / . Dies sind jedoch Feinheiten in der visuellen Darstellung, die an den grundlegenden Punkten, Literatur anzugeben, nichts ändern. Über diese erhalten Sie hier eine Übersicht. Machen Sie sich diese Basics klar, damit wer- den Sie gut weiterkommen. Für alles Weitere informieren Sie sich an Ihrer Hochschule, welche Richtlinien vor Ort empfohlen werden. Schauen Sie Ihre Lektüren auch mit Blick auf die Literaturangaben an. Wie machen andere das? Mit der Zeit entwickeln Sie Routinen. Wichtig ist auch hier wieder: Entscheiden Sie sich für eine Variante und halten Sie diese konsequent bei.

Tipp

Notieren Sie sich bei Ihrer Arbeit mit Fachliteratur immer, woher ein Zitat, ein Gedanke oder Inhalt stammt, mit einem Kürzel für das Buch und vor allem auch mit Seitenangabe!

Wichtig ist:

- Fußnoten werden wie vollständige Sätze behandelt: Sie beginnen mit Großschreibung und enden mit einem Punkt.
- Bei der Erstnennung der Quelle ist die vollständige bibliografische Angabe zu machen. Bei weiteren Nennungen danach kann die Quelle mit einem Kurztitel angegeben werden.
- Alle wichtigen Informationen für die Angabe einer Textquelle finden Sie im Impressum eines Buches (das „Kleingedruckte", das sich am Anfang oder am Ende eines Buches findet).

Literaturangaben in den Fußnoten
Bei der ersten Nennung einer Publikation wird der vollständige Titel angegeben; dann folgt der Kurztitel, der bei jeder weiteren Nennung dieser Publikation angegeben wird. Am Ende jeder Fußnote steht ein Punkt.

Auch hier sind Varianten möglich. Wichtig ist: Entscheiden Sie sich für eine Variante und halten Sie diese konsequent bei. Ich nenne Ihnen hier die kürzesten Formen der Literaturangaben; die Seitenzahl 10 ist natürlich nur ein Platzhalter.

Monografie

Vorname Name, Titel. Untertitel, Publikationsort(e) [Auflage]Publikationsjahr, S.

Charles Jencks, Spätmoderne Architektur. Beiträge über die Transformation des Internationalen Stils, Stuttgart 1981, S. 10

Jencks 1981, S. 10

Vorname Name (Hg.), Titel. Untertitel, Publikationsort(e) [Auflage]Publikationsjahr, S.

Andreas Papadakis (Hg.), Dekonstruktivismus. Eine Anthologie, aus dem Englischen übersetzt von Christiane Court, Wolfgang Rhiel und Brigitte Weitbrecht, Stuttgart 1989, S. 10

Papadakis 1989, S. 10

Titel, hg. v. Vorname Name, Publikationsort(e) [Auflage]Publikationsjahr, S.

Five Architects. Eisenmann, Graves, Gwathmey, Hejduk, Meier, hg. v. Peter Eisenman, Michael Graves, Charles Gwathmey, John Hejduk, Richard Meier, New York [2]1975, S. 10

Five Architects 1975, S. 10

Schriftenreihe

Vorname Name, Titel. Untertitel, Publikationsort(e) [Auflage]Publikationsjahr (= Titel Schriftenreihe Zahl des Bandes)

Gert Kähler (Hg.), Schräge Architektur und aufrechter Gang. Dekonstruktion: Bauen in einer Welt ohne Sinn?, Braunschweig, Wiesbaden 1993 (= Bauwelt Fundamente 97), S. 10

Kähler 1993, S. 10

Aufsatz in Sammelband, Aufsatzbände, Tagungsbände, Festschriften
Aufsatz in Periodika: Zeitschrift, Journal, Zeitung, Magazin

Vorname Name, Titel, in: Vorname Name, Titel. Untertitel, Publikationsort, [Auflage]Publikationsjahr, S.

Daniel Libeskind, End-Raum (End-Space). 1980, in: Daniel Libes-
kind. Radix – Matrix. Architekturen und Schriften, hg. v. Alois
Martin Müller, Museum für Gestaltung Zürich, mit Beiträgen
von Alois Martin Müller, Bernhard Schneider, Marc C. Taylor,
Kurt Winkler, München, New York 1994, S. 10
Libeskind 1994, S. 10

Beatriz Colomina, Rem Koolhaas, Una Conversación y un Dicciona-
rio A Conversation and a Dictionary, in: Fernando Márquez Ceci-
lia, Richard C. Levene (Hg.), AMOMA Rem Koolhaas [II]. Teoría y
prática/Theory and practice. 1996–2007, Madrid 2007 (= El
Croquis 134/135), S. 10
Colomina/Koolhaas 2007, S. 10

Rem Koolhaas, Die Stadt ohne Eigenschaften, in: ARCH+ 132, Juni
1996, S. 10
Koolhaas 1996, S. 10

Online
Vorname Name, Titel, online in: Titel, Link (Stand Monat Jahr)
James Attlee, Towards Anarchitecture: Gordon Matta-Clark and Le
Corbusier, in: Tate Papers, Spring 2007, online in: www.tate.org.
uk/research/publications/tate-papers/towards-anarchitectu-
re-gordon-matta-clark-andle-corbusier (Stand März 2021)
Attlee 2007

Angegeben wird die vollständige URL (Webadresse). Dazu wird immer das Datum, oft auch die Zeit des letzten Zugriffs auf die jeweilige Website vermerkt, da sich Inhalte online schnell ändern können.

Weitere Tipps:
– Bei indirekten Zitaten erfolgt zu Beginn der Fußnote ein „vgl.“
(vergleiche) oder ein „s.“ (siehe) vor der jeweiligen Literaturangabe.
– Bei zwei aufeinanderfolgenden Fußnoten aus der gleichen Quelle kann statt dem Kurztitel „ebd.“ (ebenda) verwendet werden.

Aber: Bei einer Nennung auf einer neuen Seite folgt wieder der Kurztitel.

— Bei mehr als drei Autoren kann der erste genannt und die restlichen mit „u. a." angegeben werden; Gleiches gilt auch für mehr als drei Verlagsorte.

4.5 Literaturverzeichnis

Am Ende einer wissenschaftlichen Arbeit wird die verwendete Literatur noch einmal in einer Übersicht zusammengefasst. Der Leser kann hier gezielt nachschlagen, mit welchen Quellen gearbeitet wurde. Sortiert wird alphabetisch, in der Regel nach dem Nachnamen der Autorinnen; werden von einem Autor mehrere Werke verwendet, so werden diese in sich noch einmal nach Erscheinungsjahr geordnet, das älteste zuerst. Seitenangaben werden hier keine genannt: Die Publikationen werden genauso angegeben wie in den Fußnoten, nur ohne die Seitenangaben, denn im Literaturverzeichnis werden ja keine konkreten Referenzen angegeben.

Bei Aufsätzen und Artikeln hingegen wird der gesamte Umfang aufgeführt, also die Seiten im jeweiligen Buch oder Periodikum von Anfang bei Ende des Beitrags.

Anders als bei den Fußnoten steht am Ende einer bibliografischen Information im Literaturverzeichnis kein Punkt.

Wenn Sie sehr viel Literatur verwenden, etwa in einer Masterarbeit, bietet es sich auch an, nach bibliografischen Typen zu sortieren, indem Sie etwa Monografien, Zeitschriften und Online-Quellen in eigene Unterkapitel zusammenzufassen. Werden Abbildungen verwendet, so müssen auch diese angeführt werden, im Abbildungsverzeichnis. Originalquellen (etwa Briefe, Urkunden, Pläne) sind ebenfalls in einer eigenen Übersicht zu listen, im Quellenverzeichnis.

4.6 Einen wissenschaftlichen Text schreiben: Die Hausarbeit

Wir haben uns bisher intensiv mit dem Konzepttext beschäftigt. Dieser ist per se keine wissenschaftliche Arbeit, auch wenn es dabei vorkommen kann, dass Sie fremde Quellen recherchieren, zitieren und belegen, etwa wenn Sie sich mit einem historisch gewachsenen Viertel befassen. „Richtig" wissenschaftlich, wie wir es beschrieben haben, arbeiten Sie in umfangreicheren Texten wie Hausarbeiten, bei Bachelor- und Masterarbeiten (Achtung: Nicht jede Fakultät verlangt für den Bachelor auch eine schriftliche Ausarbeitung) und natürlich bei einer Dissertation. Für all diese Texte gilt weiterhin im Grundsatz, was Sie mittlerweile verinnerlicht haben: Behalten Sie Ihre Leserschaft im Blick, entwickeln Sie eine inhaltliche Struktur, bauen Sie Ihren Text logisch strukturiert vom Gesamten zum Detail hin auf.

Eine Hausarbeit in der Architektur ist in ihrer Grundform eine wissenschaftliche „Literaturarbeit", die Informationen aus verschiedenen Quellen zusammenträgt und in einem eigenständigen Text zur Bearbeitung einer Fragestellung nutzt und auswertet. Im Architekturstudium dürfte Ihnen dies nicht oft begegnen. Hausarbeiten werden vor allem in den Bereichen Architekturgeschichte, Architekturtheorie und Architekturkommunikation geschrieben. Was in den Grundlagen hierfür gilt, ist auch für alle weiteren umfangreicheren Textarbeiten relevant.

4.6.1 Die Hausarbeit formal

Eine Hausarbeit gliedert sich formal in eine Einleitung, einen Hauptteil mit Kapiteln und Unterkapiteln sowie einen Schluss. Dazu kommen Deckblatt, Inhaltsverzeichnis, Literatur- und gegebenenfalls Quellen- und Abbildungsverzeichnis. Es gibt eine fortlaufende Seitenzählung sowie eine fortlaufende Zählung der Kapitel, die im Inhaltsverzeichnis zusammengefasst wird. Generell sind Sie hier frei, wie Sie dies formal gestalten wollen, ob Sie etwa mit Buchstaben, römischen oder arabischen Ziffern oder in einer Kombination dieser arbeiten. Wichtig ist, dass bei einem Unterkapitel immer auch eine

Kapitelnennung darüber steht, dass Sie also nicht von Kapitel 1.1 zu Kapitel 1.2.1 springen, sondern ein Kapitel 1.2 darüber setzen (dieses kann auch ohne Text sein). Werfen Sie einen Blick in die Inhaltsverzeichnisse verschiedener Publikationen, um ein Gefühl dafür zu entwickeln.

Dazu kommen die ordentlich formatierten Fußnoten, in denen Sie die Herkunft Ihrer Zitate und Verweise belegen. Fußnoten können zudem auch dazu genutzt werden, den Text mit Informationen und Kommentaren zu versehen, die über das eigentliche Kernthema Ihrer Arbeit hinausführen. Hier könnten Sie etwa näher erläutern, was ein bestimmtes Bauwerk, das Sie als weiterführendes Beispiel in Ihrem Text erwähnen, auszeichnet, wo es steht, wann es von wem errichtet wurde.

Generell gilt auch für die Formatierung Ihrer Hausarbeit: Wichtig ist die einheitliche und konsequente Ausführung formaler Entscheidungen. Sollte es hierzu von Seiten Ihrer Universität oder Ihrer Dozenten Vorgaben geben, dann wenden Sie natürlich diese an.

4.6.2   Die Hausarbeit inhaltlich: Einleitung – Hauptteil – Schluss

Inhaltlich gilt für die Hausarbeit umso mehr, was wir schon beim Konzepttext erarbeitet haben: Wichtig ist, die Leserschaft an die Hand zu nehmen und durch den Text zu leiten. Das funktioniert durch logische Struktur und Gliederung in sinnvolle Einheiten. Diese Basics gelten unverändert fort.

Einleitung

Die Einleitung ist gewissermaßen eine Bedienungsanleitung für Ihre Hausarbeit. Sie erläutert, worum es geht, warum Sie dieses Thema behandeln, wie der Stand der Dinge aktuell ist (= Forschungsstand) und wie der Text, der folgt, vorgehen wird – das heißt, mit welcher Methode Sie sich warum und wie vorarbeiten. Natürlich benennen Sie auch, welches Ziel Sie mit Ihrer Arbeit verfolgen. Damit ist die Einleitung zwar ausführlicher als der Start ins Konzept, den sie schon kennengelernt haben, in ihrer grundlegenden Ausrichtung ist sie jedoch ähnlich: Auch die Einleitung bringt das Wesentliche auf den Punkt. Sie „fängt" den Leser, die Leserin ein und informiert.

Für die Einleitung rechnet man ungefähr zehn Prozent des angestrebten Umfangs der Arbeit ein. Soll Ihre Arbeit zehn Seiten umfassen, so bedeutet dies rund eine Seite Einleitung.

Tipp

Die Einleitung ist der letzte Textteil, den Sie fertigstellen, wenn alles andere bereits abgeschlossen ist. Sie haben natürlich schon einen Entwurf dafür geschrieben – nicht zuletzt auch als Fahrplan für Sie selbst –, aber diesen überarbeiten Sie dann, wenn alles andere steht, denn nur so kann die Einleitung auch wirklich eine „Bedienungsanleitung" für Ihren Text sein.

Schluss

Anders als der Konzepttext wird die wissenschaftliche Hausarbeit mit einem Schlusskapitel abgeschlossen. Darin fassen Sie die Ergebnisse der Untersuchung zusammen. Die Fragen, die in der Einleitung aufgeworfen wurden, werden hier beantwortet. Wie war die Ausgangsfragestellung und warum, wie wurde vorgegangen und welche Lösung, welche Resultate haben Sie gefunden?

Übrigens muss die Kapitelüberschrift des Schlusskapitels nicht „Schluss" lauten.

Der Schluss kann etwas straffer sein als die Einleitung, in unserem Beispiel rechnen Sie dafür eine knappe Seite ein.

Für beide Kapitel gilt: Schreiben Sie Einleitung und Schluss nicht beiläufig und schnell herunter, planen Sie Zeit dafür ein. Denn diese beiden Kapitel werden sich Ihre Leser als erste ansehen. Was erwartet mich im Text, worum geht es, brauche ich die Informationen für meine eigene Arbeit? Eine gute Zusammenfassung erspart oft das Lesen eines gesamten Textes (das gilt auch für Sie selbst! Sie erinnern sich an die Tipps zum Recherchieren und Finden verwertbarer Literatur (skimmen/scannen)?). In der Regel werden wissenschaftliche Texte nur dann vollständig gelesen, wenn die Inhalte dem eigenen Bedarf zuträglich sind. Also: Investieren Sie Zeit und Gedanken in eine strukturierte Einleitung und einen guten Schluss.

Hauptteil

Im Hauptteil arbeiten Sie Ihr Thema strukturiert und gemäß Ihres roten Fadens ab. In mehreren Kapiteln werden Teilbereiche behandelt, die am Ende zu einer Zusammenfassung führen, die Ihre Fragestellung beantwortet. Die Kapitel können auch in Unterkapitel gegliedert werden. Der Hauptteil einer Hausarbeit umfasst rund 80 Prozent der angestrebten Seiten; in unserem Beispiel der zehnseitigen Hausarbeit bedeutet dies also etwa acht Seiten für den Hauptteil.

Den roten Faden Ihrer Arbeit entwickeln Sie am einfachsten mit Hilfe einer Gliederung, in der Sie den Aufbau Ihrer Argumentation planen. Tipps dafür gibt es in der entsprechenden Hilfsliteratur sehr viele. Wie beim Konzepttext gilt auch hier, eine logische Struktur zu finden, die Ihren Leser, Ihre Leserin durch Ihren Text führt.

Keine Angst – eine Gliederung ist nicht in Stein gemeißelt, sie kann auch umgeworfen und verändert werden! Sie ist wie ein Fahrplan, der Sie durch die Arbeit begleitet. Sie können durchaus auch beim Schreiben feststellen, dass bestimmte Themen, die Sie geplant haben, an einer anderen Stelle besser passen, dass sie vielleicht gar nicht passen, dass noch etwas fehlt.

Generell gilt: Es ist völlig normal, dass Sie Ihren Text und Ihre Planung überarbeiten. Das gehört dazu und ist ein wesentlicher Teil des Schreibprozesses. Ja, es ist sogar ganz grundlegend für das Schreiben! Genauso wenig wie Sie einen Entwurf für ein Gebäude in einem Zug herunterarbeiten, schreiben Sie auch eine Hausarbeit nicht in einer einzigen Arbeitssitzung.

Insgesamt gibt es auch hier viel Hilfsliteratur, mit der Sie sich weiter in das Thema „Hausarbeit schreiben" einarbeiten können. Grundlegende Tipps für das Schreiben einer Hausarbeit sind allgemeingültig, sie reichen von formalen Hinweisen (Zeitplanung!) bis zu sprachlichen Tipps (wie verbindet man Kapitel untereinander?). Es würde allerdings unseren Rahmen sprengen, hier noch weiter in die Tiefe zu gehen. Für Sie als Architekturstudierende kann sich vor allem ein Blick in die Arbeitsweisen geisteswissenschaftlicher Fächer lohnen. Stellen Sie sich aus den Informationen und Tipps Ihren individuellen Mix zusammen, wie eine Hausarbeit entstehen kann. Natürlich schadet es auch nicht, eine Schreibwerkstatt zu besuchen, wenn dies an Ihrer Universität angeboten wird, auch wenn deren Fokus nicht explizit die Architektur sein sollte.

Tipp 1

Sie sind fertig? Achten Sie beim Ausdrucken darauf, dass keine Seiten fehlen, dass die Übergänge zwischen den einzelnen Seiten stimmen und keine Umbrüche verrutscht sind. Sind Titelblatt und Anhänge vollständig?

Tipp 2

Zwischenspeichern, zwischenspeichern, zwischenspeichern! Bei längeren und umfangreicheren Arbeiten lohnt sich auch ein externes Backup.

4.7 Bachelor- und Masterarbeiten

Bachelor- und Masterarbeiten sind Qualifikationsarbeiten, mit denen Studierende nachweisen, dass sie wissenschaftlich arbeiten können. Im Fach Architektur weicht dies in der Regel von vergleichbaren Abschlussarbeiten anderer Fachbereiche ab, da sich das Studium als Projektstudium versteht. Für den Bachelorgrad ist vielfach keine schriftliche Abgabeleistung zu erbringen, für den Mastergrad seit der Einführung der neuen Abschlüsse schon. Allerdings ist der Architektur-Master keine typische Forschungsarbeit, wie sie etwa in Geschichte oder VWL üblich sind, wo es klare Rahmenbedingungen für eine solche Arbeit gibt. Zudem unterscheiden sich auch die Hochschulen hinsichtlich der Anforderungen an die schriftliche Masterarbeit. Vielfach herrschen sogar intern von Lehrstuhl zu Lehrstuhl unterschiedliche Vorstellungen vor. Daher ist es für die inhaltliche Gestaltung der Masterarbeit am hilfreichsten, wenn Sie sich mit den Gepflogenheiten Ihres Fachbereichs vor Ort vertraut machen.

Generell gelten für Bachelor- und Masterarbeit dieselben Hinweise und Richtlinien wie für Hausarbeiten, wenn auch in einem größeren Umfang: Achten Sie auf eine logische Struktur, eine sinnvolle Gliederung. Machen Sie sich Ihren Plan für die Arbeit bewusst und arbeiten sie darauf hin – leserorientiert und strukturiert. Auch gelten die formalen akademischen Regeln, die wir ausgeführt haben, selbstverständlich unverändert fort, ebenso die Hinweise zum Recherchieren, Bewerten, Zitieren.

4.8 Promotion

Die Promotion, also das Erwerben des akademischen Doktor-Grades, ist in der Architektur weniger üblich, begegnet in den vergangenen Jahren jedoch zunehmend häufiger. Es gibt zwei Wege dorthin: Ganz jung ist der künstlerisch-kreative Weg des „practice based PhD", der entwurfsbasierten Promotion, der etwa an der TU Berlin angeboten wird.[20] Er ist noch nicht sehr verbreitet und interessiert uns hier weniger.

Etablierter ist der wissenschaftliche Weg über eine Dissertation, also die landläufige Doktorarbeit. Dabei wird ein Thema grundlegend und erschöpfend erforscht und um eine neue Facette ergänzt. Sehr häufig richten architektonische Dissertationen einen Fokus auf die Geschichte und Theorie des Fachs, wenn etwa Werkbiografien von Personen oder die Entwicklung eines bestimmten Bautyps oder Bauwerks aufgearbeitet werden. Es gibt jedoch auch technisch-fachliche Perspektiven, die etwa Themen der Stadtentwicklung aufgreifen. Vielfach sind die Fragestellungen zudem interdisziplinär ausgerichtet.

---

20 Solche entwurfsbasierten Promotionen (PEP) für die Entwurfsdisziplinen Architektur und Landschaftsarchitektur zielen, laut Eigendarstellung der TU Berlin, darauf ab, „auf der Basis von Entwurfsresultaten und mit dem Entwurf als Werkzeug zu fördern und dafür wissenschaftliche Verfahren und Bewertungskriterien anzubieten" (mehr Informationen etwa unter www2.code.tu-berlin.de/practised-based-phd/ (Stand März 2021), Zitat ebd.).

Wie bei jedem wissenschaftlichen Text gilt auch für die Dissertation das Grundprinzip, das wir bereits kennengelernt haben: Es geht darum, logisch, strukturiert und fundiert belegte Informationen zu erarbeiten und den Lesern und Leserinnen nachvollziehbar vorzulegen. Der Anspruch einer Doktorarbeit ist dabei natürlich um einiges umfassender als der einer Hausarbeit: Sie soll belegen, dass ihr Autor, ihre Autorin selbständig wissenschaftlich arbeiten kann, indem er oder sie neue Erkenntnisse zu seinem, ihrem Thema, wie es in dieser Form noch nicht bearbeitet wurde, methodisch sauber erarbeitet und vorlegt. Er oder sie bewegt sich dabei selbstsicher und eigenverantwortlich in einem breiten Forschungskontext.

Bleibt die Frage nach dem Warum: Warum sollte man in der Architektur promovieren? Anders als etwa in klassischen geisteswissenschaftlichen Fächern ist für eine akademische Laufbahn in diesem Fachbereich der Doktorgrad weniger relevant, Professuren werden in der Regel nach angewandten Maßstäben, d. h. beruflicher Qualifikation, vergeben. Beobachten lässt sich allerdings, dass sich gegenwärtig hier etwas verschiebt. Die Promotion wird auch für die angewandten, also die Entwurfs- und Konstruktionslehrstühle wichtiger. Die Tendenz geht hin zu mehr Theorie in Design-Fächern im Allgemeinen und eben auch in der Architektur im Besonderen. Ein Grund dafür mag sicherlich sein, dass auch von diesen Lehrstühlen zunehmend erwartet wird, dass sie Drittmittel akquirieren und vermehrt publizieren. Dies gelingt über Forschungsprojekte, für die die Promotion eine Qualifikation darstellt.

Die Meinungen über den Sinn einer Promotion in einem praktisch-angewandten Fach wie der Architektur gehen auseinander. Wenn sie geläufiger werden, bedeutet dies dann nicht ein unnötiges Verwissenschaftlichen des Fachs? Ist dies nötig? Andere Stimmen wiederum sagen, dass die theoretischen Grundlagen des Fachs intensiviert werden müssen. Diesen Streit können und wollen wir an dieser Stelle nicht lösen. Grundsätzlich gilt: Durch wissenschaftliches Forschen werden Grundlagen erarbeitet, der Fachbereich auf kritische Fundamente gestellt, es wird hinterfragt, erforscht, analysiert. Das ist auch für die Architektur relevant.

5 Ins Schreiben kommen – und bleiben. Zur Schreibpraxis

Kennen Sie das? Sie haben recherchiert und Literatur ausgewertet, viele Informationen zusammengetragen und könnten nun eigentlich mit dem Schreiben starten. Nur kommen Sie nicht in die Gänge. Es fühlt sich an, als ob Sie den Mount Everest erklimmen sollten? Oder Sie sind schon mitten im Schreiben und es geht nicht voran. Keine Motivation, keine Muse, keine Idee?

Dann sind Sie völlig normal.

Denn Schreiben, auch mit wissenschaftlichem Ansatz, ist keine lineare Tätigkeit. Es lässt sich nicht mechanisch abliefern. Schreiben ist nicht nur Buchstaben tippen, sondern ein kreativer Prozess. Zum Schreiben gehört brainstormen, nachdenken, skizzieren, alles umwerfen, überarbeiten ... Dabei ist ganz egal, wie oft Sie schon geschrieben haben und in welchem Stadium Ihres Studiums Sie sind. Je mehr Erfahrungen und Routine Sie haben, desto besser werden Sie dies einschätzen können und wissen, wie Sie am besten arbeiten. An den grundsätzlichen Dynamiken von Schreibprozessen wird sich aber nichts ändern.

Im Folgenden finden Sie ein paar praktische Tipps, die Ihnen helfen können, zum Schreiben zu kommen und dabei zu bleiben. Stellen Sie sich einen Werkzeugkasten vor, in dem sich unterschiedliche Werkzeuge befinden. So funktionieren auch die Schreibtipps. Nicht alles davon ist für jede, für jeden geeignet, es gibt noch viele andere Möglichkeiten. Auch dafür gibt es viel empfehlenswerte Hilfsliteratur mit sehr viel mehr Tipps und „Werkzeugen". Es lohnt sich, sich damit auseinanderzusetzen!

Aber noch einmal: Wissenschaftliches Schreiben ist machbar, es gibt Hand- und Hilfswerkzeuge, die helfen können. Durststrecken gehören dazu, Durchhänger auch. Es folgen aber auch immer wieder Flow-Phasen, die Spaß machen können. Wichtig ist: Dran bleiben!

Übrigens: Es gibt verschiedene Schreibtypen und dementsprechend unterschiedliche Strategien zu schreiben.[21] Nicht jede arbeitet

---

21 Sehr viele Universitäten bieten online Informationen und Selbsttestmöglichkeiten an; diverse Suchmaschinen finden hier sehr viele Treffer.

gleich, nicht jedem helfen die gleichen Methoden. Die einen arbeiten strukturiert und folgen einer straffen Planung, die anderen schreiben impulsiv und ungeordnet oder einfach intuitiv drauf los und überarbeiten später. Dazwischen gibt es vielfältige Abstufungen.

Es gibt daher auch kein „richtiges Schreiben". Lernen Sie sich und Ihre Arbeitsweise kennen, finden Sie Ihre Schreibstrategie, stellen Sie sich Ihren eigenen Mix an Schreibwerkzeugen zusammen!

5.1 Ins Schreiben kommen ...

Es ist ganz normal, gerade am Anfang unsicher zu sein, das geht selbst bekannten Schriftstellerinnen und Autoren so. Die Angst vorm weißen Blatt ist sprichwörtlich. Dementsprechend gibt es sehr viele Tipps in Schreibratgebern. Ich liste Ihnen hier einige als Denkanstöße und zur Anregung auf.

Ganz wichtig zum Start: Verabschieden Sie sich von der Vorstellung, Schreiben geschehe wie „von der Muse geküsst". Natürlich gibt es kreative Flow-Momente, in denen einen die Inspiration überkommt und alles einfach aus der Feder zu fließen scheint. Das kennen Sie sicher auch von Ihrer Entwurfsarbeit. Die Regel ist dies aber nicht. Dann ist Schreiben ein Handwerk, das man sich erarbeitet und das mit zunehmender Übung einfacher wird – wie beim Sport: Je häufiger Sie trainieren, desto fitter werden Sie.

- Struktur, Struktur, Struktur: Was wir schon mehrfach besprochen haben, hilft auch hier: Bringen Sie Ihre Gedanken, Recherchen und Inhalte in Struktur, planen Sie – grob –, was Sie mitteilen wollen. Denn wenn Sie eine Idee haben von dem, was Sie an Informationen weitergeben möchten, dann haben Sie schon die halbe Miete gewonnen und es ist nur noch ein kleiner Schritt, dies auch aufzuschreiben.
  Aber: Planen Sie nicht zu lang und verlieren Sie sich nicht zu sehr in den Details, fangen Sie ab einem gewissen Punkt einfach an. Strukturieren heißt nicht, alles im Detail auszuarbeiten, sondern ein Grundgerüst zu finden. Im Prozess des Schreibens wird sich hier viel weiterentwickeln und klären. Es ist ein Kreislauf.

– Brainstorming: Ein Schritt hin zur Struktur – brainstormen Sie, was Sie schon alles über Ihr Thema wissen. Verschaffen Sie sich einen Überblick über das, was Sie sich schon an Informationen erarbeitet haben. Diese könnten Sie dann auch visualisieren und in Schaubildern darstellen, z. B. in Mindmaps oder Clustern.

– „Creative Writing": Es gibt verschiedene Techniken um ins Schreiben zu kommen, viele stammen aus dem Creative Writing, etwa Free Writing oder exploratives Schreiben/Schnell-Schreiben. Probieren Sie aus, was Ihnen gefällt!

Free Writing: Notieren Sie jeden Tag für fünf bis zehn Minuten vor dem eigentlichen Arbeiten, was Ihnen gerade durch den Kopf geht, frei, automatisch und ohne zu sortieren. Dadurch können Sie in Schwung kommen, Sie wärmen sich quasi auf und haben einen ersten Schritt zum Schreiben schon gemacht.

Exploratives Schreiben / Schnell-Schreiben: Sie setzen sich eine gewisse Zeitspanne, etwa 15 Minuten, und schreiben locker drauf los, was Sie in Ihrem Kapitel unterbringen möchten – ohne Druck zur Perfektion. Schreiben Sie zum Beispiel so, wie Sie einem Freund, einer Freundin Ihr Wissen über ein Thema mitteilen würden. So „explorieren" Sie, wie Sie mit einem Thema und Inhalten umgehen können.

– Schreib(zeit)plan: Mit einem Schreibzeitplan strukturieren Sie Ihre Zeit und planen Arbeitseinheiten. Das kann helfen, den Überblick zu bewahren und Zeitdruck zu vermeiden. Für einen Schreibzeitplan legen Sie sich eine Übersicht an, in der Sie festhalten, wann Sie schreiben, wie lang Sie schreiben, was Sie schreiben. Welche Ziele wollen Sie erreichen bis zu einem bestimmten Zeitpunkt? Sie gehen damit auch eine Selbstverpflichtung ein, die Sie bei der Stange hält.

Wichtig dabei ist: Dieser Plan ist Ihrer, nicht der Ihrer Kommilitonen, nicht der Ihrer Dozentinnen! Wenn Sie nur zweimal die Woche eine Stunde schreiben können, dann ist das genauso in Ordnung, wie wenn Sie jeden Tag vier Stunden investieren wollen und können (denken Sie dann auch an Pausen!).

5.2 Formales: Schreibumgebung, Schreibmaterial, Rituale, Belohnungen ...

Auch eine Auseinandersetzung mit den „formalen" Umständen Ihres Schreibens kann helfen. Wo schreiben Sie am besten? Wie sollte Ihr Schreibtisch aussehen? Was lenkt Sie ab, was motiviert Sie? Auch die Tageszeit und womit Sie am besten schreiben und arbeiten, kann Ihnen helfen. Haben Sie ein besonderes Notizbuch? Erfassen Sie Inhalte am besten, wenn Sie sie per Hand notieren? Scribbeln Sie immer wieder spontan Ideen auf Schmierpapier? Dann halten Sie dieses griffbereit.

Für viele ist es auch hilfreich, sich mit einem Ritual auf die Arbeit einzustimmen oder eine Arbeitseinheit abzuschließen. Möglichkeiten gibt es auch hier viele. Starten Sie mit einer Tasse Tee oder Kaffee, mit einer sportlichen Einheit oder Meditation? Mögen Sie Duftkerzen, Musik im Hintergrund? Hier kommen auch die derzeit vielbesprochenen Achtsamkeitsroutinen zum Tragen. Selbstverständlich ist auch, Ablenkungen möglichst zu minimieren oder ganz zu vermeiden (Internet aus? Smartphone zur Seite? Tür zu, Telefon aus?). Letztendlich geht es darum, sich zu fokussieren, zu konzentrieren und auf eine Aufgabe einzustimmen – oder auch mit ihr abzuschließen.

5.3 ... und im Schreiben bleiben: Was tun bei Schreibblockaden?

Die ersten Sätze sind geschafft, die Grundstruktur steht. Und dann lässt die Motivation nach. Hier muss ich Sie enttäuschen. Es gibt keinen Trick, wie sich das vermeiden lässt. Durchhänger gehören zum kreativen Prozess dazu und sind normal. Lassen Sie sich davon nicht entmutigen und bleiben Sie dran. Ein paar Tipps können Ihnen zumindest dabei helfen, wieder zurück in den Schreibfluss zu finden. Und: Wenn heute gar nichts mehr geht, dann machen Sie morgen weiter!

Ein paar Methoden, um weiterzuschreiben, könnten sein:

– Abstand gewinnen/Pause machen: Wenn gar nichts mehr geht, dann legen Sie den Text zur Seite und schauen Sie am nächsten Tag mit klarem Kopf darüber.

– Bewegen Sie sich – ändern Sie den Schreibort, gehen Sie nach draußen, machen Sie Sport, trinken Sie einen Kaffee. Manchmal hilft es auch schon, kurze Pausen einzulegen und etwas anderes zu tun. Häufig klingen Gedanken nach und man hat in den ungewöhnlichsten Momenten Inspiration und gute Ideen – beim Bügeln, beim Geschirrspülen, unter der Dusche.

– Weiterschreiben: Genau, schreiben Sie weiter, ohne drauf zu achten und zu bewerten, was Sie schreiben. Sie können auch auf Schmierpapier kritzeln. Es geht darum, in der „Bewegung" zu bleiben, damit der Druck vor dem Nicht-Schreiben nicht überhandnimmt. Und bleiben Sie pragmatisch dabei: Nicht jeder Satz muss perfekt sein. Zudem ist es einfacher, einen bereits existierenden Text zu überarbeiten und daran zu feilen, als nichts zu schreiben. Dabei darf auch mal etwas in den Müll wandern!

– Gewöhnen Sie sich auch an, Ihr Manuskript zu „kommentieren", während Sie schreiben: Markieren Sie sich Stellen, wo Sie noch Inhalte nachschauen und ergänzen möchten. Heben Sie Sätze hervor, die noch nicht ausreichend formuliert sind oder wenn Ihnen etwas noch nicht richtig gefällt. Diese Markierungen helfen Ihnen, später noch einmal an diese Stelle zurückzukommen, während der aktuelle Schreibfluss nicht unterbrochen wird. Rechtschreibung und geschliffene Formulierungen können Sie in diesem Stadium vernachlässigen, dafür gibt es später Korrektur- und Überarbeitungsdurchgänge. Denken Sie daran: Ein Manuskript ist ein „Work in Progress", ein Text entsteht Schritt für Schritt. Die digitalen Textverarbeitungsprogramme bieten Ihnen dafür wunderbare Möglichkeiten!

– Wechseln Sie das Medium: Drucken Sie Ihr Kapitel aus und lesen Sie es auf Papier durch. Ihren Text anders zu sehen kann neue Gedanken bringen. Zudem sollten Sie die haptische Erfahrung nicht unterschätzen – Gedanken per Hand aufzuschreiben und auf Papier vor sich liegen zu haben kann andere Wahrnehmungsprozesse in Gang setzen.

- Sie können noch einen Schritt weitergehen und Ihren Text bzw. Ihr Thema mündlich formulieren, etwa indem Sie mit anderen darüber sprechen und sich austauschen oder auch einfach indem Sie es laut für sich aussprechen. So können Sie testen, ob sich Ihre Gedanken schlüssig mitteilen lassen.
- Struktur und Planung, schon wieder: Manchmal geht das Formulieren gut von der Hand, manchmal nicht. Meist hängt dies davon ab, wie viele Vorkenntnisse Sie zu einem Thema haben. Je genauer Sie wissen, was Sie sagen wollen, desto einfacher fällt das Formulieren.
- Zur Motivation: Wechseln Sie zwischen verschiedenen Schreibaufgaben ab. Schreiben Sie auch mal etwas Einfaches, Kurzes, das schnell von der Hand geht. Es ist ein gutes Gefühl voranzukommen!
- Und ganz generell: Motivation kommt im Tun. Bleiben Sie dran!

6 Literaturübersicht

Hier finden Sie, sortiert nach den Kapiteln im Buch, Literaturtipps, die Ihnen helfen können, sich in die verschiedenen Themen weiter einzuarbeiten. Denken Sie dabei daran: Es gibt eine Vielzahl von hilfreicher Literatur! Lassen Sie sich davon nicht abschrecken – stöbern Sie, probieren Sie aus, lassen Sie sich inspirieren, welche Bände Ihnen am besten weiterhelfen. Betrachten Sie diese Liste dabei als eine Starthilfe.

1   Schreiben im Architekturstudium

Zum Schreiben in und über Architektur wird man vor allem in der englischen Literatur fündig. Der Fokus ist hier aber anders gelagert als der, den wir im Blick haben – nämlich auf das essayistische, journalistische Schreiben über Gebautes. Wer weiterführend stöbern möchte, dem seien etwa diese Bände genannt:

Carter Wiseman, Writing Architecture. A Practical Guide to Clear Communication about the Built Environment, San Antonio/Texas 2014

Alexandra Lange, Writing about architecture. Mastering the language of buildings and cities, New York 2012

Tom Porter, Selling Architectural Ideas, New York 2000

Ray Lucas, Research Methods for Architecture, London 2016

Weitergesteckt ist auch der junge Bereich der Architekturkommunikation, der über das Thema Schreiben hinausführt. Sich damit zu beschäftigen sensibilisiert allgemein für die Bedeutung des Kommunizierens über Architektur, etwa in Form von Ausstellungen:

Architektur ausstellen/Exhibiting Architecture. Architekturmuseum der TU München in der Pinakothek der Moderne 2008–

2012, Architekturmuseum der TU München (Hg.), München 2012

Jeannette Merker, Riklef Rambow (Hg.), Architektur als Exponat. Gespräche über das Ausstellen, Berlin 2015

Carsten Ruhl, Chris Dähne (Hg.), Architektur ausstellen. Zur mobilen Anordnung des Immobilen, Berlin 2015

2 Die architektonische Konzepterläuterung

Es gibt eine Vielzahl von Schreibratgebern für fachliche Texte, die meist unter der Rubrik des wissenschaftlichen Schreibens laufen. Auch wenn wir in diesem Rahmen noch nicht über das wissenschaftliche Arbeiten im Besonderen gesprochen haben, lassen Sie sich davon nicht abschrecken, Sie finden in diesem Rahmen viele hilfreiche praxisbezogene Bücher, aus denen Sie sich die für Sie interessanten Kapitel heraussuchen können.

Sehr praktisch und breiter – nicht speziell auf das wissenschaftliche Schreiben hin – orientiert sind etwa:

Doris Märtin, Erfolgreich texten. Klarer schreiben. Überzeugender ansprechen. Wirkungsvoller kommunizieren, 5., neu bearb. Aufl., Frankfurt 2019

Markus Reiter, Schreibtipps für Studierende, Stuttgart 2011

Wolf Schneider, Deutsch für junge Profis. Wie man gut und lebendig schreibt, Reinbek bei Hamburg [12]2020

Praktisch orientiert zum Schreiben im akademischen Kontext sind diese Ratgeber:

Gabriele Bensberg, Survivalguide Schreiben. Ein Schreibcoaching fürs Studium. Bachelor-, Master- und andere Abschlussarbeiten. Vom Schreibmuffel zum Schreibfan, Berlin, Heidelberg 2013

Hans Brunner, Dietmar Knitel, Robert Mader, Paul Josef Resinger, Leifaden zur Bachelor & Masterarbeit. Einführung in wissenschaftliches Arbeiten und berufsfeldbezogenes Forschen an Hochschulen und Universitäten, 4., aktual. u. erw. Aufl., Marburg 2021

Otto Kruse, Lesen und Schreiben. Der richtige Umgang mit Texten im Studium, Wien 2010 *(Zu Sprache und Grammatik, auch zum ins Schreiben Kommen)*

Martin Kornmeier, Wissenschaftlich schreiben leicht gemacht. Für Bachelor, Master und Dissertation, 8., überarb. Aufl., Bern 2018

Monika Oertner, Ilona St. John, Gabriele Thelen, Wissenschaftlich schreiben. Ein Praxisbuch für Schreibtrainer und Studierende, Paderborn 2014

Harald Rau, Der ,Writing Code'. Bessere Abschlussarbeiten in kürzerer Zeit, Baden-Baden 2016

4   Wissenschaftliches Arbeiten

Zum Einstieg in eine weiterführende Auseinandersetzung mit dem wissenschaftlichen Schreiben können Ihnen diese umfassenden Bände helfen:

Helga Berger, Schritt für Schritt zur Abschlussarbeit. Gliedern – formulieren – formatieren, 2. verb. Aufl., Paderborn 2020

Alfred Brink, Anfertigung wissenschaftlicher Arbeiten. Ein prozessorientierter Leitfaden zur Erstellung von Bachelor-, Master- und Diplomarbeiten, 5. aktual. u. erw. Aufl., Heidelberg, Berlin 2013

Andrea Frank, Stefanie Haacke, Swantje Lahm, Schlüsselkompetenzen: Schreiben in Studium und Beruf, 2., aktual. u. erw. Aufl., Stuttgart, Weimar 2013

Norbert Franck, Handbuch Wissenschaftliches Schreiben. Eine Anleitung von A bis Z, Paderborn 2019

Norbert Franck, Joachim Stary (Hg.), Die Technik wissenschaftlichen Arbeitens. Eine praktische Anleitung, 17., überarb. Aufl., Paderborn 2013

Tobias Kollmann, Andreas Kuckertz, Christoph Stöckmann, Das 1 x 1 des wissenschaftlichen Arbeitens. Von der Idee bis zur Abgabe, 2., überarb. Aufl., Wiesbaden 2016

Jürg Niederhauser, Die schriftliche Arbeit kompakt. Von der Ideenfindung bis zur fertigen Arbeit. Für Schule, Hochschule und Universität, in Zusammenarbeit mit der Dudenredaktion, 2., aktual. u. überarb. Aufl., Berlin 2015

Steffen Stock, Patricia Schneider, Elisabeth Peper, Eva Molitor (Hg.), Erfolgreich wissenschaftlich arbeiten. Alles, was Studierende wissen sollten, 2. vollst. überarb. u. erw. Aufl., Berlin, Heidelberg 2018

Rödiger Voss, Wissenschaftliches Arbeiten ... leicht verständlich!, 7., überarb. Aufl., Konstanz, München 2020

Immer noch ein Klassiker:

Umberto Eco, Wie man eine wissenschaftliche Abschlußarbeit
  schreibt, ins Deutsche übersetzt von Walter Schick, 4. überarb.
  Aufl. der deutschen Ausgabe, Heidelberg 1991

*In vielen der genannten Publikationen werden auch Blicke auf die ver-
schiedenen Arten der wissenschaftlichen Texte, von Hausarbeit über
Bachelor- und Masterarbeit bis zur Promotion, geworfen. Diese Bände
fokussieren bestimmte Textarten (auch mit teils anderen fachlichen
Perspektiven) ganz konkret:*

Heike Rettig, Wissenschaftliche Arbeiten schreiben, Stuttgart 2017
(Sehr praktisch ausgerichtet über das Verfassen einer Hausarbeit)

Detlef Jürgen Brauner, Hans-Ulrich Vollmer, Erfolgreiches wissenschaftliches Arbeiten. Seminararbeit Bachelor-/Masterarbeit
  (Diplomarbeit) Doktorarbeit, 3., überarb. u. erw. Aufl., Sternenfels 2008

Kristina Folz, Detlef Jürgen Brauner, Studi-SOS Bachelor- und Masterarbeit. Erste Hilfe fürs wissenschaftliche Arbeiten, 2., überarb. u. erw. Aufl., Sternenfels 2017

Manuel René Theisen, Wissenschaftliches Arbeiten. Erfolgreich bei
  Bachelor- und Masterarbeit, unter Mitarbeit von Martin Theisen, 17., aktual u. bearb. Aufl., München 2017

Daniela Weber, Die erfolgreiche Abschlussarbeit für Dummies,
  Weinheim 2010

5 Ins Schreiben kommen – und bleiben. Zur Schreibpraxis

In den schon genannten Bänden, insbesondere in den praxisorientierten Ratgebern, finden Sie immer wieder auch Kapitel zu diesem Thema. Darüber hinaus bieten Ihnen etwa diese Bände ganz konkrete Hilfestellungen:

Esther Breuer, Nagihan Güngör, Mareike Klassen, Martin Riesenweber, Johanna Vinnen (Hg.), Wissenschaftlich schreiben – gewusst wie! Tipps von Studierenden für Studierende, Bielefeld, 2019

Otto Kruse, Keine Angst vor dem leeren Blatt. Ohne Schreibblockaden durchs Studium, 12., völlig neu bearb. Aufl., Frankfurt 2007

Otto Kruse, Lesen und Schreiben. Der richtige Umgang mit Texten im Studium, Wien 2010

Hanns-Josef Ortheil, Schreiben dicht am Leben. Notieren und Skizzieren, Mannheim 2012

Brigitte Pyerin, Kreatives wissenschaftliches Schreiben. Tipps und Tricks gegen Schreibblockaden, 5., vollst. überarb. u. erw. Aufl., Weinheim, München 2019

Antje Ries, Hendrik Eulberg, Gib endlich ab! Die Abschlussarbeit erfolgreich fertigstellen, München 2020

7 Dank

Dieses Buch entstand auf der Basis meiner Arbeit an der Fakultät für Architektur und Bauwesen der Hochschule Karlsruhe, die ich im Rahmen eines Mathilde-Planck-Stipendiums ausüben konnte, ein bemerkenswertes Programm des Landes Baden-Württemberg, das sich für die Förderung von weiblicher Forschung und Lehre engagiert. Ohne die intensive Zusammenarbeit mit Susanne Dürr, Professorin für Städtebau und Gebäudelehre, und natürlich mit den Architekturstudierenden an der Hochschule Karlsruhe hätte dieses Buch nicht entstehen können.

Sehr viel wertvollen Input aus der Praxis habe ich darüber hinaus von zahlreichen Vertretern von Universität und Hochschulen erhalten, von Architektinnen und Architekten im Beruf, von zahlreichen Kontakten meiner Arbeit als Geschäftsführerin des Architekturschaufensters Karlsruhe, das sich der Vermittlung und Kommunikation von Baukultur in ihren vielschichtigen Facetten an ein breites Publikum widmet.

Von Verlagsseite haben mich insbesondere Swantje Lahm für das Manuskript und Nils Cordes für die Beratung zum Coverbild maßgeblich unterstützt.

Und nicht zuletzt hätte das Buch ohne die Hilfe, den Zuspruch, die fachfremde Lektüre, den kritischen Austausch im privaten Bereich nicht entstehen können – ohne eure Hilfe beim Konzipieren, beim Korrigieren, beim Motivieren wäre es nicht möglich gewesen!

Ihnen und euch allen an dieser Stelle ein herzliches Dankeschön!

René Merten

Changemanagement für Hochschul- absolventen

Persönliche Lebens- veränderungen meistern

utb S
2020 • 200 Seiten • Kart. • 17,00 € (D) • 17,50 € (A)
ISBN 978-3-8252-5366-0 • eISBN 978-3-8385-5366-5

Veränderungsbereitschaft, Flexibilität und Anpassungsfähigkeit sind die Anforderungen an die Generationen Y und Z. Dieser Ratgeber wendet die aus dem Business bekannten Tools des Changemanagements auf persönliche Veränderungssituationen von Hochschulabsolvent/innen an: Studienabschluss, erster Job, die anstehende Familiengründung – praxiserprobt mit Übungen, Tipps und Interviews.

www.utb-shop.de